Hane

To Manor

6 Spon eynne

Roy Davies

Crogi ar Gam?

*Hanes Llofruddiaeth
Lily Volpert*

Roy Davies

Argraffiad cyntaf—2000

ISBN 1 89502 900 0

ⓗ Roy Davies

Mae Roy Davies wedi datgan ei hawl dan
Ddeddf Hawlfraint, Dyluniadau a Phatentau 1988
i gael ei gydnabod fel awdur y llyfr hwn.

Dymuna'r cyhoeddwyr gydnabod cymorth
Adrannau Cyngor Llyfrau Cymru.

Argraffwyd gan
Wasg Gomer, Llandysul, Ceredigion SA44 4QL

I

Ddydd Gwener, yr 20fed o Fedi 1996, claddwyd gweddillion Mahmood Hussein Mattan am yr eildro. Angladd barchus y tro hwn, mewn rhan o'r Fynwent Orllewinol yng Nghaerdydd a neilltuid i Fwslemiaid, a'r gwasanaeth yng ngofal Iman Sheik Said, arweinydd y gymuned Somalïaidd.

Ddeugain a phump o flynyddoedd cyn hynny, ar Fedi'r 3ydd 1952, Mattan oedd yr olaf i gael ei ddienyddio yng Ngharchar Caerdydd, a'i gorff wedi'i gladdu'n ddigon diseremoni nid nepell o'r crocbren.

Ond wedi blynyddoedd o ymgyrchu i ddarbwyllo'r awdurdodau ei fod wedi cael ei grogi ar gam roedd ei weddw, Laura Mattan, wedi ennill caniatâd y Swyddfa Gartref i gael datgladdu'r corff o dir y carchar a'i ailgladdu mewn daear gysegredig. Ddwy flynedd cyn hynny roedd y teulu wedi cael caniatâd Niall Clifford, rheolwr y carchar, i ymweld â'r bedd i osod torch o flodau arno.

Dros gyfnod o ddeugain mlynedd daliodd Laura ei ffydd yn ddi-sigl yn nieuogrwydd ei gŵr, gan ddynesu, gam wrth gam, at yr hyn oedd bellach yn brif bwrpas ei bywyd—ennill iddo bardwn llawn.

Eithr nid oedd hyd yn oed yr ail-gladdu heb ei drafferthion. Roedd yno gynifer o ffotograffwyr a gwŷr y wasg fel y bu'n rhaid bygwth atal yr angladd yn gyfan gwbl oni byddent yn cilio i bellter gweddus. At hynny yr oedd Cyngor Dinas Caerdydd wedi gweld yn dda cludo'r corff o'r carchar i'r fynwent mewn fen Transit yn hytrach nag mewn hers. Hyd yn hyn ymddangosai nad oedd pawb, beth bynnag, yn argyhoeddedig nad oedd Mattan yn euog.

DUKE STREET AND QUEEN STREET, CARDIFF

Canol Caerdydd ar ddechrau'r 1950au.

II

Yn y pumdegau cynnar roedd Tiger Bay yn fwrlwm gwyllt o fywyd ac yn un o'r mannau mwyaf cosmopolitan ym Mhrydain i gyd. O ganlyniad i brysurdeb y dociau trigai pobloedd o bob cenedl dan haul yno, gyda Tsieineaid, Sbaenwyr, Groegwyr, Pwyliaid, Somalïaid, Affricaniaid a phobl o India'r Gorllewin yn byw blith draphlith drwy'i gilydd. Un o'r ardaloedd garwaf y mae'n bosib ei dychmygu, ac eto wedi datblygu'n gymuned—neu gasgliad o gymunedau efallai—glòs, gymdogol, lle gwyddai pawb fusnes ei gilydd.

Roedd Stryd Bute yn hollol unigryw a'i thafarndai yn llawn morwyr a'i siopau a'i thai bwyta yn darparu ar eu cyfer. Bysys a thramiau'n prysuro i fyny ac i lawr bob awr o'r dydd, a rhan helaeth o'r nos, a chymeriadau'r cysgodion yn frith ar ei phalmentydd.

Ei thafarnau'n enwog hyd borthladdoedd y byd a'u henwau'n 'perarogli' ar draws y cyfandiroedd: y *Bucket of Blood* a'r *House of Blazes*, y *Custom House* a'r *Big Windsor*, y *Packet* a'r *Castle*, y *Ship and Pilot* a'r *North and South*, yn gymysg â chlybiau fel y *Social Club* a'r *John Cory Sailors' and Soldiers' Rest*. Roedd yr adeiladau i gyd, yn dai, siopau a thafarnau, ar ochr ddwyreiniol y stryd gyda wal uchel yr ochr arall a'r rheilffordd y tu hwnt iddi. Eidalwyr, Groegiaid a Tsineaid gan mwyaf a redai'r tai bwyta, a dywedir mai caffi Sam On Yen ar gornel Stryd Sophia oedd y lle cyntaf ym Mhrydain i werthu bwyd Tsieineaidd.

Gan nad oedd ond cwta bum mlynedd ers diwedd y rhyfel, roedd olion dinistr y Lufftwaffe mewn llawer man drwy'r ddinas a nifer o adeiladau a fu'n lloches rhag y bomiau yn dal i fod yn rhyw fath o gartrefi i'r diwaith a'r di-gartref.

Ni fentrai plismyn i ardal y dociau ond bob yn bâr—a'r rheiny'n bâr go sgaprwth yn ogystal. Ond yr oedd iddynt eu manteision hefyd. Yn y dyddiau difoethau hynny, pe gwelai plisman heddwas arall yn gwisgo crys *Van Heusen* gwyddai mai yng Ngorsaf Heddlu'r Dociau y gweithiai!

III

Iddewes o dras (a thueddiad efallai!) oedd Lily Volpert, un a deugain mlwydd oed ac yn ddi-briod. Perchen siop nwyddau amrywiol, sigaréts, dillad morwyr ac yn y blaen, yn rhif 203-204 Stryd Bute. Busnes a sefydlwyd gan ei thad, Max Volpert, ym 1910, ac a etifeddwyd ganddi hithau ym 1947. Bu'n gweithio yno ers pan adawodd yr ysgol gan reoli'r siop am bum mlynedd ar hugain cyn marw'i thad. Roedd felly'n hollol adnabyddus â thrigolion yr ardal a hwythau â hithau.

Dynes gymharol fyr—rhyw bedair troedfedd a deg modfedd o daldra ond yn pwyso deg stôn a thri phwys—a chadwrus ei gwedd felly. Caredig ac o gymeriad glân, yn ôl pob hanes, a'r busnes oedd ei chyfan. Doedd dim sôn fod ganddi ddiddordeb mewn dynion chwaith! Prin y gadawai'r lle o gwbl, gan na fynnai ymddiried ei bywoliaeth hyd yn oed dros dro i'w mam, a drigai gerllaw ac a dreuliai'r rhan fwyaf o bob dydd yn y siop, na'i chwaer, oedd yn byw yno gyda'i merch fach ddeg oed, Ruth. Cyflogai dair merch i'w helpu, ond pan dderbyniai un o'r rheiny dâl gan gwsmer byddai'n rhaid iddi ei estyn i Lily gael bwrw llygad drosto a rhoi unrhyw newid dyledus cyn ei roi i gadw. A hynny hyd yn oed pan fyddai'i mam neu'i chwaer yn ei helpu yn y siop. Gofalus o bob dimai, felly.

Roedd yn un o'r ychydig rai oedd yn fodlon newid *Seaman's Advance Note of Pay* i'r morwyr—mater digon peryglus, gan y gallai'n hawdd beidio â gweld ei chwsmer fyth wedyn. Ond roedd hi'n adnabod ei hadar. A ph'un bynnag, ni newidiai'r nodyn ond ar yr amod fod y morwr yn prynu rhywbeth o'i siop. Yn ôl Joseph Fraser o'r *S.S. Avistone* bu'n rhaid iddo ef unwaith brynu pâr o sgidiau a throwser nad oedd mo'u heisiau cyn y cytunai Lily newid ei nodyn ef!

Yn nechrau'r pumdegau daethai rheolau i rym a orfodai bob busnes i gau am wyth o'r gloch y nos, ond digon di-feind o'r rheolau hynny fu Lily, ac fe fyddai caniad bach cyfrin ar gloch y drws yn ddigon i'w agor i gwsmeriaid ffyddlon wedi amser cau. Ond ychydig cyn Nadolig 1951 torrodd rhywun i mewn i'w siop ac effeithiodd hynny gryn dipyn arni. Fyth wedi hynny, pan ddeuai dieithryn i mewn mynnai i gymdoges gadw cwmni iddi nes bod hwnnw'n mynd allan. Eithr prin yr arllwysai ei chwd wrth neb.

Er bod y siop yn cynnwys dau adeilad nid oedd iddi ond un drws, a'i ran uchaf yn gwareli gwydr, yn agor ar gyntedd bychan ac allan i'r stryd. Roedd o ganlyniad hefyd yn honglaid o le ac ynddo gorneli digon tywyll rhwng cownteri, byrddau a silffoedd ac yn y blaen. Roedd hanner gogleddol y siop (h.y. y rhan yn rhif 204) â'i lawr rywfaint yn uwch na'r hanner arall, a goleddf o ryw ddwy droedfedd a hanner yn cysylltu'r ddau lawr.

Yng nghefn y siop yr oedd y gegin a'r ystafelloedd byw a gyrhaeddid drwy ddrws ac iddo hanner uchaf o wydr, gyda llenni i'w tynnu ar ei draws pan fyddai angen. Yn y gornel nesaf at y drws hwnnw, ac o fewn saith troedfedd iddo yr oedd y sêff, a'r drôr lle cadwai Lily dderbyniadau'r dydd. A'i harfer fyddai mynd â'r arian hyn gyda hi i'r llofft wedi cau am y nos, gan ei roi'n ôl yn y drôr fore drannoeth ac ychwanegu ato.

Butetown yn nechrau'r 1960au.

IV

Am ugain munud wedi wyth ar nos Iau, Mawrth 6ed 1952, wedi gweld fod yno olau a'r drws yn gilagored, galwodd William James Archibold, gŵr di-waith oedd yn byw mewn *common lodging house* yn rhif 199—rhyw bymtheg llath o'r drws—yn y siop am becyn o bapurau sigaréts. Aeth i mewn ryw ddau neu dri cham a galw i gyfeiriad yr ystafell fwyta ond ni chafodd ateb. Wedi rhai munudau o edrych o gwmpas yn hamddenol, i'r dde iddo, wedi'i rhannol guddio'r tu ôl i ryw ddodrefnyn ac ar y goleddf rhwng y ddau lawr, gwelodd gorff Lily'n gorwedd mewn pwll o waed. Rhedodd allan ar unwaith ac i Orsaf Heddlu Bute, rhyw ganllath i fyny'r stryd, gan ddychwelyd yng nghwmni'r Rhingyll Cecil Walsh a'r Cwnstabl John Davies. A dyma gychwyn ymchwiliad i lofruddiaeth y bu sôn amdani am yn agos i hanner can mlynedd.

Roedd un olwg arni'n ddigon i'r ddau heddwas ddweud bod Lily'n farw, wedi gwaedu i farwolaeth o glwyf erchyll yn ei gwddw, bron o glust i glust, a hynny heb fod ers llawer o amser. Yn ôl yr olion gwaed ymddangosai yr ymosodwyd arni y tu cefn i silffoedd lle cadwai esgidiau plant, a'i bod wedi'i llusgo'i hun ar hyd y llawr cyn diffygio yn y man lle cafwyd ei chorff. A thra oedd yn aros dyfodiad Meddyg yr Heddlu a'r Patholegydd cychwynnodd Sarjant Walsh ei ymholiadau.

Yn yr ystafell fwyta roedd y fam a'r chwaer a'r nith, ond ni wyddai'r un ohonynt fod unrhyw beth anarferol wedi digwydd. Nid oeddent wedi clywed na gwaedd nac unrhyw sŵn cyffro. Profwyd yn ddiweddarach ei bod bron ym amhosib i unrhyw un yn yr ystafell honno glywed dim o'r siop pan fyddai'r drws rhyngddynt ar gau.

Adroddodd Doris (chwaer Lily) wrth y ddau heddwas fel yr oedd hi a'i mam, ei merch fach Ruth a Lily yn barod i fwyta swper tuag wyth o'r gloch. Roedd y llenni ar y drws rhwng yr ystafell a'r siop wedi'u tynnu tua hanner ffordd. Canodd cloch y siop (roedd iddi estyniad i'r ystafell fwyta) a thrwy wydr y drws mewnol medrai weld rhywun yn edrych i mewn i ddrws y siop o'r tu allan. Dyn tywyll ei groen, tua 5' 8/9" o daldra, heb na het na chot fawr ond mewn siwt dywyll. Roedd fel petai'n gwargrymu a rhywbeth fel fflachlamp yn ei law.

Gwelsai ei mam yr un gŵr, ac yr oedd ei disgrifiad hi ohono yn ddigon tebyg. Roedd Ruth wedi'i weld yn ogystal—dyn lliw yn sefyll ar bwys y drws—ond credai hi ei fod yn gwisgo cot law olau.

Ochneidiodd Lily'n ddiamynedd braidd, cododd o'i sedd ac aeth drwy'r drws allan i'r siop gan dynnu'r drws ar ei hôl. Ni ddaeth yn ei hôl ond ni feddyliodd neb llai na'i bod yn treulio tipyn o amser gyda rhyw gwsmer hwyr, fel y gwnâi yn fynych.

Erbyn hynny roedd y meddyg a'r pathlegydd wedi cyrraedd a chadarnhau damcaniaeth y ddau heddwas ynglŷn â'r man lle'r ymosodwyd ar Lily. Roedd bocsys esgidiau plant ar lawr yn y gwaed yn y fan honno ond sylwyd nad oedd diferion ohono wedi tasgu yn uwch na throedfedd a hanner o'r llawr. Awgrymai hynny, ynghyd ag anafiadau Lily, fod ei llofrudd wedi ymosod arni o'r tu ôl gan dynnu cyllell neu ryw erfyn miniog arall ar draws ei thagell tra oedd hi'n gwyro uwchben y bocsys. Cadarnhawyd hynny gan ymchwiliad *post mortem* yn ddiweddarach, pan welwyd hefyd fod cochni ar ei chorun a chlais dwy fodfedd wrth dair ar ei chefn bron wrth lafn ei hysgwydd chwith. Tueddai hynny gadarnhau i'r llofrudd ymosod arni o'r tu ôl gan roi'i ben-glin yn ei chefn, cydio'n ei gwallt a thynnu'i phen yn ôl cyn tynnu'r gyllell ar draws ei gwddf. Roedd y clwyf angheuol yn wyth modfedd o hyd a dwy o ddyfnder, ac wedi'i wneud â'r fath rym ag i dorri'r ddwy brif wythïen—y *jugular* a'r *carotid*—a hyd yn oed asgwrn y cefn.

Fodfedd a hanner yn is na'r clwyf hwnnw roedd toriad arall, fawr mwy na chrafiad yn wir, o ryw bedair modfedd o hyd yng nghroen y gwddf. Fel petai'r arf wedi'i dynnu ar draws yn ysgafn y tro cyntaf. Ffaith a awgrymai un o ddau beth: naill ai bod y llofrudd wedi bygwth Lily cyn ei lladd, efallai i hawlio arian, neu ei fod wedi marcio'r man i'w drywanu, fel y bydd y bwtsiwr yn ei wneud wrth waedu mochyn. Ond waeth p'un o'r ddau, roedd yn amlwg fod y llofrudd yn ddigydwybod hollol. Yn wir, ymateb cynta'r patholegydd i'r erchyllra oedd: 'Pwy bynnag wnaeth hyn, roedd newydd ddod mas o'r allt!'

Roedd yn fwy na thebyg, felly, y byddai cryn dipyn o waed ar un o'i ddwylo ond nid o angenrheidrwydd ar ei ddillad. Ond cafwyd cryn dipyn o olion gwaed ar follt y drws ac ar y chwarel gwydr uwchlaw, a awgrymai iddo ef—neu o leiaf i rywun—folltio'r drws wedi iddo ddod i mewn ac iddo ef ei ddadfolltio i fynd allan.

Cafwyd olion gwaed yn ymyl y sêff a ddangosai fod y llofrudd yn gwisgo menig, ac olion pellach ar y drôr lle cadwai Lily arian y siop. Roedd y drôr yn wag heblaw am lyfr cownt. Dangosai hwnnw iddi derbyn £102.10s.0c o ddydd Sul yr wythnos honno hyd nos Fercher—cyfartaledd o £25 y dydd—felly bwriwyd amcan bod rhwng £100 a £130 yn y drôr pan gafodd ei llofruddio. Roeddent yn chwilio am lofrudd a lleidr.

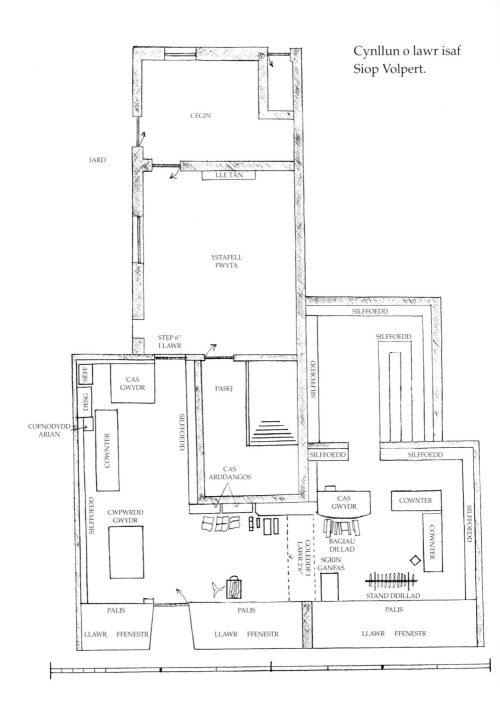

Cynllun o lawr isaf
Siop Volpert.

CEGIN

IARD

LLE TÂN

YSTAFELL
FWYTA

SILFFOEDD

SILFFOEDD

STEP 6″
I LAWR

SÊFF

DESG

CAS
GWYDR

PASEJ

SILFFOEDD

COFNODYDD
ARIAN

SILFFOEDD

COWNTER

CAS
ARDDANGOS

SILFFOEDD

SILFFOEDD

SILFFOEDD

CWPWRDD
GWYDR

CAS
GWYDR

COWNTER

SILFFOEDD

GOLEDDF I
LAWR 2′6″

BAGIAU
DILLAD

COWNTER

SGRIN
GANFAS

STAND DDILLAD

PALIS

PALIS

PALIS

LLAWR   FFENESTR

LLAWR   FFENESTR

LLAWR   FFENESTR

14

V

Gwaith anodd ar y gorau yw trefnu ymchwiliad i lofruddiaeth, yn enwedig ar y cychwyn pan nad oes ond ychydig o ffeithiau i weithio arnynt. Ond mae'n anos fyth mewn ardal lle mae dieithriaid ac ymwelwyr dros dro yn frith. Ac wrth reswm roedd llongau o bob rhan o'r byd yn glanio ac yn hwylio o ddociau Caerdydd yn barhaus, a'u criwiau—llawer ohonynt heb fod yn y ddinas erioed o'r blaen—un ai'n awyddus i wario cyflog y fordaith ar atyniadau tafarn a chlwb, neu'n paratoi i godi angor am ryw borthladd pell.

O fewn awr a hanner i ddod o hyd i gorff Lily roedd timau o blismyn a ditectifs wedi byrddio pob llong oedd ar fin hwylio a'i harchwilio â chrib fân. Pob cabin a dec, a phob aelod o'r criw wedi'i holi. Ond dim dillad gwaedlyd nac unrhyw fath o gliw yn unman.

Ar yr un pryd roedd timau eraill wrthi'n holi o ddrws i ddrws yn y strydoedd cyfagos, gan dalu sylw arbennig i westai a thai lojin y morwyr, y tafarnau a'r llefydd amheus. Ac mae'n siŵr i'r holl holi ddwyn rhywfaint o ffrwyth achos ar dudalen flaen y *South Wales Echo* drannoeth yr oedd disgrifiad o ddyn yr oedd yr heddlu'n awyddus i'w holi. 'Somaliad tua deg ar hugain oed, pum troedfedd naw modfedd o daldra ac yn gwisgo siwt a chot dywyll.' A ph'un ai o ddychymyg gwŷr y wasg ai o fwriad yr heddlu, âi'r papur ymlaen i sôn am 'Y Llofrudd Distaw' ac i ddisgrifio'r llofruddiaeth yn fanwl gan ddweud yn benodol fod gwddf Lily wedi'i dorri o'r tu ôl.

Yn ystod eu hymholiadau o ddrws i ddrws y noson cynt roedd Ditectif Sarjant David Morris a Ditectif Cwnstabl John Lavery wedi galw yn 42 Stryd Davis o fewn rhyw ddwy awr i'r llofruddiaeth. Y perchen oedd

Ernest Harrison—Doc Harrison, gan mai 'Doc' fyddai enw pawb a fu'n gogydd ar y môr! Dyn lliw 57 oed oedd yn cyd-fyw ag Etaline Jordan (ond a adwaenid yn lleol fel Mrs Harrison). Yno'n byw hefyd roedd Mahmood Hussein Mattan, Somaliad wedi ymwahanu oddi wrth ei wraig, a thri dyn lliw arall, sef Lloyd Williams, gŵr o'r enw Royal o Jamaica, a James Monday, morwr o Orllewin Affrica oedd yn byw ar 'Shipwreck Benefit'.

Roedd gan bob un ohonynt ei ystafell, a Mattan ar y llawr isaf. Tua phum munud ar hugain wedi deg, atebodd y drws i'r ddau blisman yn ei ddillad isaf fel pe bai newydd godi o'i wely, ac mewn ateb i wahoddiad y plismyn iddo roi cyfrif o'i symudiadau y noson honno dywedodd iddo fynd i'r pictiwrs yn y Central Cinema gan adael y lle am hanner awr wedi saith a dod yn syth adref. Gwadodd ei fod yn berchen cyllell ond daeth Lavery o hyd i rasel agored yn un o bocedi siaced oedd yn hongian ar gefn cadair yn yr ystafell. Esboniodd Mattan ei fod wedi arfer eillio â hi ond ei bod wedi torri.

Ym mhoced yr un siaced roedd ychydig sylltau a cheiniogau ond dyna'r holl arian oedd ganddo, meddai ef. Ni wyddai ddim am y llofruddiaeth, a phan ofynnwyd iddo a oedd wedi bod yn Bute Street y noson honno atebodd yn bendant nad oedd wedi bod yno ers y Sul cynt. Pan ofynnwyd iddo a oedd yn gwisgo cot fawr y noson honno, cyfeiriodd at got fawr ddu a hongiai wrth gefn y drws, a phan aeth Lavery i'w harchwilio gwelodd ei bod yn llaith.

Aeth y ddau swyddog yn eu blaenau i holi deiliaid eraill y tŷ ac yn ystafell Lloyd Williams daethpwyd o hyd i dipyn o Indian Hemp ac fe arestiwyd Williams.

VI

Roedd yr ymchwiliadau drws i ddrws yn dwyn ffrwyth, achos yn gynnar drannoeth daethpwyd o hyd i sawl tyst pwysig. Y pâr cyntaf oedd Mary Tolley a Margaret Bush a drigai yn 49 Sgwâr Loudon yn y Dociau. Dwy wraig briod yn byw ar wahân i'w gwŷr.

Dywedodd y ddwy iddynt adael Sgwâr Loudon am bum munud i wyth noson y llofruddiaeth a cherdded ar hyd North Loudon Place i gyfeiriad arosfa'r bws ar gornel Stryd Sophia. Wrth iddynt ddod at siop Volpert roedd Lily'n sefyll wrth y drws. Roedd yn bwrw glaw mân a dywedodd Tolley wrthi ei bod am brynu sgarff i'w rhoi am ei phen. Cytunodd Lily er iddi awgrymu ei bod yn torri'r rheolau wrth agor y siop wedi wyth o'r gloch. Aeth y tair i mewn i'r siop a phrynodd Tolley sgarff am 8s 11c gan dalu 5/- ac addo'r gweddill drannoeth.

Tra oedd Tolley'n gwisgo'r sgarff soniodd Bush fod arni angen prynu esgidiau newydd i'r plant ond nad oedd ganddi arian ar y pryd. Cytunodd hithau alw drannoeth pan fyddai Lily wedi rhoi'r esgidiau yn barod.

Yn y cyfamser daethai gŵr i mewn a chredai'r ddwy iddo ofyn am sigaréts, ond ymddiheurodd Lily iddo gan ddweud mai'r ddwy wraig fyddai ei chwsmeriaid olaf am y dydd. Cynhyrfodd hwnnw a chodi'i freichiau yn ei natur a chwyrnu 'Dyw'r Iddewon 'ma werth dim.'

Gwnaeth Tolley dri datganiad i'r heddlu ynglŷn â'i hymweliad â'r siop. Ni soniodd air am y dyn y tro cyntaf; yn ei hail ddatganiad dywedodd iddi ei weld yn y siop a'i fod wedi mynd allan drwy'r drws a'i gau ar ei ôl; ac yn ei thrydydd dywedodd nad oedd, i fod yn fanwl, wedi ei *weld* yn mynd allan na chlywed sŵn y

17

drws yn cau gan ei bod yn brysur yn edrych arni ei hun yn y drych yn gwisgo'r sgarff. Ond cafodd yr argraff ei fod wedi mynd allan yn ôl ongl ei gorff wrth gerdded.

Disgrifiodd ef fel Somaliad, yn dipyn talach na hi, ac yn ei dridegau. Yn ddiweddarach dywedodd fod ganddo fwstás. Ei hesboniad am y ffaith nad oedd wedi sôn amdano yn ei datganiad cyntaf oedd fod arni ofn gan ei bod wedi'i weld o'r blaen ac y byddai ef yn siŵr o'i hadnabod. O'r diwedd tyngodd mai Mattan oedd. Ond wedi iddi weld llun ohono yr oedd hynny.

Er bod datganiad Margaret Bush yn dra thebyg i un Tolley ni welodd hi ddyn lliw yn y siop o gwbl, a phan glywodd Lily Volpert yn dweud mai nhw fyddai cwsmeriaid ola'r dydd credodd mai â hwy eu dwy yr oedd yn siarad.

Ond o leiaf roedd y ddwy'n gytûn ar un peth, a hynny oedd i Tolley ofyn i Lily faint oedd hi o'r gloch fel yr oeddent yn gadael y siop. Edrychodd honno ar ei wats a dweud ei bod yn bum munud wedi wyth. Felly dyna sefydlu amser y drosedd o fewn ychydig funudau.

O fewn dim amser, er na ellid bod yn fanwl gywir, cerddai dwy wraig arall heibio i'r siop. Dorothy Taylor a Sheila Rees. Gwelodd y ddwy ddyn tywyll ei groen yn sefyll o flaen y ffenestr. Ymhen ychydig funudau daethant yn eu hôl ac yr oedd y gŵr yno o hyd ond ei fod erbyn hynny'n sefyll yn y cyntedd fel pe buasai newydd ganu'r gloch ac yn disgwyl rhywun i ateb y drws. I Taylor edrychai'r gŵr fel Somaliad; gwisgai got fawr ond ni fedrai fod yn siŵr a oedd het ar ei ben ai peidio. Ond credai Rees ei fod yn gwisgo het drilbi.

Stryd Bute.

VII

Ganwyd Mahmood Hussein Mattan yn Hargeisa, British Somaliland, ar 19 Mehefin 1923. Roedd yn denau, du ei groen ac yn bum troedfedd naw modfedd o daldra. Er ei fod yn anllythrennog siaradai Saesneg yn weddol—yn ddigon da yn wir i weithredu fel cyfieithydd yn Llys Ynadon Caerdydd ar 16 Hydref 1950 pan gyhuddwyd Somaliad arall o ladrata. Y swyddog restio yn yr achos hwnnw oedd Ditectif Gwnstabl Victor Butler a weithiai yn ardal Bute—gŵr, felly, a chanddo wybodaeth eang o'i chymeriadau brithion.

Gwyddai o'i fynych ymwneud â hwy pwy oedd y mân ladron, pwy'r puteiniaid a'r gwŷr caled, a phwy oedd y rhai na feddyliai ddwywaith am ddefnyddio cyllell mewn sgarmes. Ar y pryd, roedd Butler ar gwrs hyfforddi yn Stafford, a phan glywodd y newyddion am lofruddiaeth Lily ffoniodd Heddlu'r Dociau ar unwaith—'Mattan yw hwn!' Rhagfarn? Efallai'n wir. Ai enghraifft o'r 'trwyn' hwnnw y mae hir brofiad wedi'i fagu mewn sawl plismon?

Ni dderbyniodd Mattan unrhyw addysg o gwbl a gweithiodd gyda'i dad nes oedd yn bedair ar bymtheng mlwydd oed pan aeth i'r môr. Ymunodd â chriw llong Brydeinig yn Durban ym 1946 fel taniwr (*fireman/trimmer*). Gwasanaethodd ar nifer o longau fel *SS Pencarron*, *SS Fort Laird* ac *SS North British* a thra oedd yn nociau Caerdydd cyfarfu â'i ddarpar wraig, Laura Williams. Priodwyd hwy ar 11 Rhagfyr 1947.

Bu iddynt dri o blant a gadawodd yntau'r môr ym mis Hydref 1949 ac aethant i fyw i Hull ond, wedi prin wyth mis, gadawodd Laura'i gŵr am ei fod yn greulon tuag ati. Daethant yn ôl i Gaerdydd i fyw, ac er nad ysgarwyd hwy, o hynny ymlaen buont yn byw ar wahân—Mattan yn 42 Stryd Davis a Laura a'r plant gyda'i mam hi yn 8 Stryd Davis. Gorchmynnodd Llys Ynadon Caerdydd i Mattan dalu chweugain yr un yr wythnos at gadw'r plant ond ni welodd ei wraig erioed ddimai goch ohonynt. Er hyn i gyd roedd Mattan a'i wraig ar delerau da.

Roedd Mattan eisoes wedi cael ei restio yn Rhodesia ym 1946 am ddod i mewn i'r wlad honno'n anghyfreithlon. Rhoddwyd mechnïaeth iddo wedi i Somaliad arall—cigydd yn Salisbury o'r enw Haje Ali Koshen—dalu £25 i sicrhau ei ddychweliad i'w famwlad. Dihangodd Mattan a bu'n rhaid i Koshen fforffedu ei arian.

Ac ni fu'n byw yng Nghaerdydd fawr o amser cyn iddo ddod yn ymwelydd cyson â'r llysoedd ar wahanol gyhuddiadau. Ar 29 Mai 1951, yn y Central Criminal Court (Old Bailey), cyhuddwyd ef o hawlio pum punt drwy fygwth ond cafwyd ef yn ddieuog.

Yna ar 31 Rhagfyr yr un flwyddyn bu gerbron Ynadon Caerdydd ar gyhuddiad o ddwyn siwt o ddillad a phedwar ugain punt. Unwaith eto daeth yn rhydd.

Ymhen tridiau yn unig, ar 3 Ionawr 1952, a rhyw dri mis cyn y llofruddiaeth, cyhuddwyd ef yn Llys Chwarter Caerdydd o dorri i mewn i le o addoliad, yr Arabic Mosque, a dwyn arian o'r bocs casglu.

Roedd y Mosque y tu cefn i dŷ Veronica Talbi yn 16 Stryd Peel. Daeth Mattan i'w thŷ ryw ddiwrnod am wyth o'r gloch y bore a gofyn am fynediad i'r Mosque. Dangosodd hi y ffordd iddo ac agorodd Mattan y drysau a mynd i mewn. O dan y Larceny Act 1916 ystyr 'agor' drws i adeilad oedd 'torri i mewn'. Roedd ganddo ddau ddrws mewnol i'w hagor wedyn cyn dod at y bocs casglu. Roedd Mattan wedi bod yn nhŷ Talbi lawer gwaith, meddai hi, a chan ei bod yn ei adnabod ac yn credu ei fod am fynd i'r Mosque i weddïo, ni holodd ddim arno. Ond yn ôl Mohamed Bey, gofalwr yr adeilad, byddai'r Mwslemiaid bob amser yn dod i weddïo cyn codiad haul.

Hanner awr yn ddiweddarach roedd Mattan yn siop James Saunders yn 8 Stryd Maria yn gofyn am newid arian mân i arian papur. Cytunodd y siopwr yn llawen wrth gwrs, a rhoddodd ddau bapur punt i Mattan yn lle gwerth hynny o sylltau, darnau chwech, tair ceiniogau a cheiniogau.

Gwelodd fod gan Mattan ddarnau hanner coron a deusylltau yn ogystal ond cadwodd hwnnw y rheiny. Amcangyfrifai fod y cyfan yn bum punt o leiaf.

Pan holodd yr heddlu ef ynghylch y drosedd gwadai bopeth, er i Veronica Talbi a James Saunders ei adnabod ar unwaith mewn *identification parade* o wyth Somaliad. Gwadu a thyngu bod y tystion yn gelwyddog. Cafwyd ef yn euog o ddwyn yr arian ond nid o'r cyhuddiad dipyn mwy difrifol o halogi lle o addoliad drwy dorri i mewn. Fe'i dedfrydwyd i fod ar ei brawf am dair blynedd. Fyth wedyn, adnabuid ef hyd yn oed ymhlith ei gyd-wladwyr fel rhyw snech bach lladronllyd.

Y Ditectif Jack Lavery—yn ôl y farn gyffredin, un o'r ditectifs gorau a gerddodd strydoedd Caerdydd erioed.

VIII

Drannoeth y llofruddiaeth, rywbryd yn y bore bu ffrae wyllt rhwng Mattan a Doc Harrison, perchen y tŷ lle'r oedd yn byw. Nid oedd hwnnw'n or-hoff o weld plismyn yn galw, ac yn y blaen. A'r diwedd fu i Harrison orchymyn i Mattan chwilio am rywle arall i letya. Gwylltiodd hwnnw'n gacwn, a chyhuddio'i gyd-letywr Lloyd Williams o'r llofruddiaeth. Ddychrynodd hynny gymaint ar Harrison nes iddo ffonio'r heddlu ar unwaith a chymerwyd Mattan i Orsaf Bute i'w holi'n fanylach gan y Ditectif Brif Arolygydd Harry Power a'r Ditectif Arolygydd Lowdon Roberts.

Yn ôl Mattan yr oedd wedi mynd i'r sinema (Central Cinema, The Hayes) brynhawn y llofruddiaeth tua hanner awr wedi pedwar a gadael tua hanner awr wedi saith. *Steel Helmet*, ffilm go waedlyd am ryfel Korea a gynhwysai olygfa yn dangos milwr Koreaidd yn cripian i fyny o'r tu cefn i Americanwr ac yn ei ladd â chyllell, oedd y brif ffilm.

Câi honno'i dangos am dri o'r gloch, ei hailddangos am chwarter i chwech a'i thrydydd ddangos am hanner awr wedi wyth. Dangosid hefyd *Outlaws of the Rio Grande*, am ugain munud wedi pedwar a'i hail ddangos am bum munud wedi saith. Felly drwy dreulio tair awr yn y sinema byddai Mattan wedi gweld y ddwy ffilm ar eu hyd er iddo fynd mewn ar hanner y ffilm gyntaf.

Eisteddai yn y seddau swllt a chwech ac yn y sedd nesaf ato eisteddai Noel Rodriques—morwr o'r llong SS *Ottinge* oedd yn byw yn 1a Stryd y Bont Fach. Y ddau'n adnabod ei gilydd yn dda gan eu bod ar un adeg yn gydweithwyr yn yr un ffowndri. Medrodd Rodriques gadarnhau hynny ac ychwanegu bod Mattan yn gwisgo cot fawr neu got law a het fowler ddu. Gadawsai ef ei hun y sinema tua hanner awr wedi wyth ac er na allai fod yn fanwl gywir credai i Mattan adael tua hanner awr wedi saith.

Sylwodd Alfred Reginal Jones, y dyn a dderbyniai'r tocynnau wrth y drws, ar ŵr yn ateb i ddisgrifiad y Somaliad yn dod i mewn tua chwarter i bedwar. Gwisgai het ddu 'Anthony Eden' a chariai ymbarél. Ni fedrai ddweud i sicrwydd pryd yr ymadawodd ond yr oedd yn siŵr na welodd ef yn gadael rhwng chwech o'r gloch ac wyth, pan ddaethai'n ôl ar ddyletswydd.

Yn ôl Mattan roedd wedi mynd adre'n syth o'r sinema, ac i'r ystafell ffrynt lle cysgai Doc Harrison. Ond nid oedd hynny'n hollol gywir. Achos pan aethpwyd i holi Laura'i wraig dywedodd honno i Mattan fod y tu allan i'w thŷ hi rhwng saith ac wyth o'r gloch. Gofynnodd a oedd ar ei mam angen sigaréts, gan ei fod ef yn mynd i 'mofyn rhai, ond nid oedd ganddi ddigon o arian. Bu Mattan yn sgwrsio â'i blant am ysbaid ac yna aeth ymaith.

Cadarnhaodd y fam hynny, gan ychwanegu mai wyth o'r gloch union oedd yr amser yn ôl ei chloc hi. Ond mae'n rhaid nad oedd hi a'i mab-yng-nghyfraith ar ryw delerau arbennig ar y pryd achos aeth ymlaen i ddweud fod Mattan, ryw ddwy flynedd cyn hynny, wedi bygwth ei merch ar ôl iddo glywed ei bod wedi bod yn y pictiwrs yng nghwmni dyn arall. Pe gwelai ef hi gyda rhywun arall, meddai ef, fe dorrai ei phen i ffwrdd.

Ryw hanner awr cyn hynny roedd Mattan wedi galw yn siop Margaret Barry yn 4 Stryd Adam a gofyn am becyn o sigaréts Players, ond gan nad oedd ganddi rai aeth ef i ffwrdd gan gerdded ar hyd Stryd Adam i gyfeiriad Teras Bute—ffordd sy'n arwain i Stryd Bute.

Yn ei dro cafwyd fersiwn Doc Harrison o'r hyn a wyddai am symudiadau Mattan y diwrnod hwnnw. Gadawodd y tŷ tua naw y bore a bu allan drwy'r dydd. Daeth adre rywbryd rhwng hanner awr wedi wyth a

25

naw y nos. Gallai Harrison wirio hynny gan ei fod wedi cael tabledi gan ei feddyg i'w cymryd bob teirawr, a'i fod ef felly'n cadw llygad fanwl ar y cloc.

Nid oedd yn beth anarferol i Mattan ddod i ystafell wely Harrison yr adeg hynny o'r dydd gan y byddent yn trafod ceffylau rasys a betio. Ond tawedog iawn oedd Mattan y tro hwn.

Roedd James Monday eisoes yn yr ystafell pan gyrhaeddodd Mattan ac amserai yntau hynny rhwng hanner awr wedi wyth a chwarter i naw. Roedd ef a Harrison wedi sylwi na chymerai Mattan fawr o ran yn yr ymgomio. Fel arfer byddai'n gofyn am y *South Wales Echo* er mwyn gwybod hynt a helynt y gwahanol ganolfannau rasio, a chan na ddywedai nemor air estynnodd Monday'r papur iddo mewn distawrwydd. Ond rhoddodd ef i lawr heb edrych arno. Edrychai'n syth o'i flaen fel pe bai mewn breuddwyd. Cododd ac aeth allan heb ddweud gair tua hanner awr wedi naw.

Nid oedd Harrison, meddai ef, wedi sylwi'n fanwl ar ddillad Mattan pan ddaethai i'r tŷ, ond teimlai yn siŵr nad oedd ymbarél ganddo. Ond yn ôl Monday roedd yn gwisgo siwt ddu a het 'Anthony Eden' ac yn cario ymbarél. Sylwodd yn arbennig ar hwnnw gan ei fod yn wlyb.

Yn ogystal â dilyn hynt a helynt rasys ceffylau yn y papurau dyddiol byddai Mattan yn arfer mynychu rasys milgwn yn yr Arms Park ac ym Mharc Somerton yng Nghasnewydd. Ac ar y nos Wener, sef drannoeth y drosedd, cyrhaeddodd Barc Somerton yn gynnar, meddai Hector Cooper, Prif Swyddog Diogelwch Cwmni Rasys Milgwn yr Arms Park. Adwaenai Mattan yn dda, gan iddo dderbyn cwynion parhaus gan aelodau eraill o'r cyhoedd fod Mattan fyth a hefyd yn ceisio benthyca arian. Bygythiodd Mattan Cooper ei hun fwy nag unwaith ac yr oedd dan rybudd y câi ei wahardd o'r lle oni chymedrolai. A hynny serch i Cooper wneud aml gymwynas ag ef drwy ei adael i mewn cyn i'r gatiau-tro agor yn swyddogol, er mwyn iddo gael cyfle i brynu rhywbeth i'w fwyta.

Cafodd Cooper yr argraff fod Mattan yn betio'n dipyn trymach nag arfer, ac yr oedd dau o weithwyr achlysurol y lle, Wesley Bailey a John Price Jones, wedi sylwi fod cryn dipyn o arian ganddo. Gwelsai Bailey Mattan â rhwng pymtheg ac ugain papur punt yn ei law, a Jones yr un fath yn ogystal â nifer o bapurau chweugain. Roedd Francis Williams ar ddyletswydd wrth y gatiau-tro, ac er mai 4/9c oedd pris mynediad talodd Mattan â phapur punt. Ac roedd hynny cyn i'r rasys gychwyn, felly prin y medrai honni iddo gael tipyn o lwc gyda'r bwcis!

Y noson ganlynol roedd yn 34 Stryd Angelina lle deuai nifer o drigolion y Dociau'n llechwraidd i gamblo. Sylwodd Abdul Monaf arno'n colli pum punt ar un gêm a dwy bunt arall cyn pen dwy awr. Ac o gofio mai saith geiniog ar gyfartaledd oedd pris tocyn sinema yr amser hwnnw, roedd seithbunt yn gryn swm.

Yn gynharach y prynhawn hwnnw agorwyd cwest ffurfiol ar farwolaeth Lily Volpert gan y Crwner, Mr Gerald Tudor, a chafwyd tystiolaeth adnabod gan ei brawd-yng-nghyfraith, Nathaniel Levy o Lyn Ebwy. Gohiriwyd yr achos tan y diwrnod olaf o Fawrth.

Ar yr un pryd cynigiodd teulu Lily dâl o £200 i unrhyw un a roddai wybodaeth a arweiniai at ddal y llofrudd, a throsglwyddwyd yr arian i ofal Mr Myer Cohen, cyfreithiwr y teulu, iddo ef a'r heddlu rhyngddynt benderfynu pwy fyddai'n ei haeddu.

P'un ai o ganlyniad i hynny ai peidio cafwyd gwybod gan May Gray a gadwai siop ddillad ail-law yn Stryd y Bont, heb fod ymhell o Stryd Bute, i Mattan ddod i'r siop rywbryd rhwng hanner awr wedi wyth a deng munud i naw noson y llofruddiaeth a'i wynt yn ei ddwrn fel pe bai wedi bod yn rhedeg. Gwisgai got fawr, menig a chariai ymbarél.

Fe'i hadwaenai yn dda, achos deuai ati'n aml i brynu dillad. Nid bod hynny'n golygu ei fod yn hoff gwsmer ganddi. Yn wir, rhyw wyth mis ynghynt daethai i'r siop am wyth o'r gloch y bore gan ddweud ei fod am brynu siwt o ddillad o'r ffenest. Cynigiodd chweugain amdani. A phan fynnodd May ei bod yn gofyn pedair punt dechreuodd Mattan weiddi a bygwth. Tynnodd gyllell o'i boced gan ddweud, 'Mi ddefnyddia i hon arnat ti, ac ar Laura hefyd.' Dychrynwyd y siopwraig gymaint nes iddi ffoi am ei bywyd i'r ystafell gefn a chloi'r drws.

Y tro hwn gofynnodd Mattan am ddillad arbennig. Atebodd hithau nad oedd ganddi ddim i'w daro ar y pryd, am iddo ddod yn ôl drannoeth ac nad oedd ganddo arian beth bynnag. Ei ymateb ef oedd tynnu'i waled o'i boced a'i hagor o'i blaen. Roedd yn llawn papurau punt—nid yn y pocedi ond rhwng y cloriau— ac amcanai May fod yno o leiaf gan punt. Caeodd Mattan y waled yn glep a'i rhoi'n ôl yn ei boced a diflannu drwy'r drws.

IX

Pan fo rhywbeth mor ddifrifol â llofruddiaeth yn digwydd mewn ardal mae'n siŵr mai'r testun siarad rhwng pawb yw'r modd y cyflawnwyd y drosedd a phwy a'i chyflawnodd. Ac nid oedd preswylwyr 42 Stryd Davis—Mattan, James Monday ac Ernest Harrison—yn wahanol i'r gweddill ohonom. Mewn rhyw siarad ar y dydd Sadwrn wedi i Lily farw soniodd Mattan wrth James Monday yr hoffai weld ei hangladd, gan y byddai'n siŵr o fod yn gynhebrwng mawr a

28

hithau yn ffigwr mor adnabyddus. Ond torrodd Harrison ar eu traws i ddweud na fyddai'r angladd tan y Sul, gan na fyddai'r Iddewon yn claddu ar y Sadwrn. Drannoeth aeth Monday i Stryd Bute lle'r oedd tyrfa enfawr wedi dod ynghyd ond ni welwyd Mattan yno, nac yn y Fynwent Iddewig lle claddwyd Lily.

Fore dydd Mawrth rywbryd cyn canol dydd gwelodd Harrison Mattan yn Stryd Herbert yn gwisgo dillad newydd i gyd, cot lwyd olau ac esgidiau swêd. Ond y rhyfeddod i Harrison oedd ei fod wedi gweld Mattan yn gadael y tŷ y bore hwnnw yn gwisgo dillad hollol wahanol. Pan adawodd y tŷ gwisgai drowser brown a hwnnw'n frwnt a siaced o liw caci golau gyda sip yn eu chau.

Y noson honno oedd noson y ffeit fawr rhwng Jack Gardiner o Market Harborough a Johnny Williams, y Cymro o Rugby, am bencampwriaeth Prydain a'r Gymanwlad. Roedd Doc Harrison yn y gegin yn gwrando'r darllediad ar y radio pan ddaeth Mattan i mewn. Trawodd geiniog yn y 'gas meter'—oedd yn gryn syndod ynddo'i hun—ond y syndod mwyaf i Harrison oedd gweld ei fod erbyn hyn yn ôl yn y dillad budron a wisgai'r peth cynta'r bore hwnnw!

A rhwng y rowndiau, a'r sgwrs yn troi'n ôl at y llofruddiaeth, mynegodd Mattan y farn ei bod yn rhaid bod dau wedi cyflawni'r drosedd gan fod Lily yn ddynes 'fawr a thrwm', er nad oedd ef ei hun wedi bod yn y siop ers 1947. Aeth ymhellach, a disgrifio'r modd yr ymosodwyd arni o'r tu cefn gan feimio dal y pen yn ôl â'i law chwith a chodi'i law dde o dan ei ên a'i thynnu ar draws ei wddf! Yr union ddull a ddefnyddia'r Mwslemiaid ar gyfer cigydda defodol geifr a defaid.

Y Custom House.

Y Packet Hotel.

Erbyn canol yr wythnos wedi'r drosedd roedd Mattan yng nghategori'r rhai i'w hamau gan yr heddlu. Ond nid ef oedd yr unig un. Roedd morwr Somali arall, o'r enw Tahir Gas, yn ôl ei addefiad ei hun, wedi pasio siop Volpert tua'r amser tyngedfennol.

Arhosai mewn gwesty yn 196 Stryd Bute, ac yr oedd i ymuno â chriw'r *SS Blairdevon* ar ddydd Llun y 10fed. Ond cyn iddo fyrddio, er mai prin oedd ei Saesneg, dywedodd iddo fod yn siop Lily Volpert lawer gwaith. Bu yno brynhawn y llofruddiaeth yn prynu dau far o sebon a thalodd swllt a dwy amdanynt.

Cafodd swper yn rhif 196 rhwng saith a hanner awr wedi saith y noson honno ac yna gadawodd y tŷ i fynd i gwrdd â merch a welodd yn y prynhawn mewn caffi Pacistanaidd. Roeddent wedi trefnu cwrdd am wyth o'r gloch yn yr Arab House yn Stryd Sophia ac yr oedd ef yno erbyn yr amser penodedig. Ar y ffordd pasiodd siop Lily.

Eisteddodd yn yr Arab House am ddeng munud neu chwarter awr a chael cwpanaid o de yng nghwmni Mohamed y perchen—fel y gwnâi'n aml. A chan na chyrhaeddodd y ferch aeth yn ôl ar hyd Stryd Sophia a phasio'r siop unwaith yn rhagor. Ond ni welodd ddim yn digwydd yno. Cyrhaeddodd 196 ac arhosodd yno rai munudau ac yna aeth allan drachefn. Y tro hwn roedd tyrfa o bobl a phlismyn y tu allan i siop Lily. Gofynnodd beth oedd yn bod a chael gwybod bod rhywun wedi'i ladd. Arhosodd yno rai munudau ac yna aeth am dro i'r Seaman's Mission ac oddi yno i'r Colonial Centre.

Ond gan na wyddai enw'r ferch na dim amdani ni fedrid ei holi hi. Ac er y byddai Mohamed yn Arab House o bosib yn medru cadarnhau yr hyn a ddywedodd Gas am ei symudiadau i fyny at ryw chwarter wedi wyth, nid oedd neb a fedrai wirio'i stori wedi hynny.

Cymeriad lleol lled amheus arall y gwyddai'r heddlu'n dda amdano oedd Harold Cover. Saer coed yn wreiddiol o Jamaica ac nid gŵr i gellwair ag ef. Rhyw ddwy flynedd ynghynt bu o flaen ei well am ymosod ar Somaliad drwy dynnu darn o wydr ar draws ei wddf. Ac yr oedd ei fersiwn ef o'i symudiadau ar noson y llofruddiaeth yn ddiddorol, a dweud y lleiaf.

Roedd yn chwarae drafftiau yn Neuadd John Cory, Stryd Bute, meddai ef. Gadawodd y lle tua phum munud i wyth a cherdded ar hyd Stryd Bute gan fynd heibio i siop Volpert. Wrth basio gwelodd ddau Somaliad, un yn pwyso yn erbyn y ffenest yn agos iawn i'r drws a'r llall yn dod allan o fynedfa'r siop.

Roedd yn adnabod yr un a ddaethai allan o'r cyntedd yn dda o ran ei weld—wedi'i weld yn nawns y Colonial Annex a hefyd gerllaw'r Somali Lodging House yn Stryd Bute yn ogystal ag yn cerdded mewn gwahanol fannau yn y Dociau.

Arferai'r gŵr hwn siarad ag ef. Ond y noson hon, er ei fod wedi edrych ar Cover wrth ddod allan o'r siop, ni ddywedodd air. Roedd disgrifiad Cover ohono yn ffitio Mattan i'r dim—5′ 10″ o daldra, tenau gyda wyneb main. Ond os oedd yn ei adnabod yn dda yna ni fyddai'n fawr o gamp iddo'i ddisgrifio'n gywir.

Aeth yn ei flaen. Credai fod gan y Somaliad hwn ddant aur yn ei geg ond ni fedrai fod yn siŵr. Nid oedd yn gwisgo na het na chot fawr ond credai ei fod mewn siwt frown. Roedd ganddo sigarét ynghynn ond tynnodd hi o'i geg wrth edrych tuag at Cover.

Roedd y Somaliad arall yn chwe throedfedd o daldra, yn gwisgo cot law gabardîn olau, het drilbi dywyll a honno wedi'i thynnu i lawr rywfaint dros ei lygaid, trowsus llwyd fflanel gydag esgidiau duon. Yntau hefyd yn smocio sigarét gan dynnu anadliadau byrion wrth wneud hynny gan roi'r argraff nad oedd yn llyncu'r mwg, ac yn sefyll a'i goesau ymhleth yn pwyso ar y ffenestr.

X

Felly daethai i ymddangos fwyfwy i'r heddlu mai Mattan oedd eu dyn. A chychwynnwyd holi'n ddyfnach i'w gefndir. Nid oeddent wedi dod o hyd i arf y drosedd er ei bod yn fwy na thebyg mai naill ai cyllell lem neu rasel *cut-throat* ydoedd. Roedd Ernest Harrison unwaith wedi gweld Mattan yn siafio ag ellyn felly, ac yr oedd y Ditectif Cwnstabl John Lavery wedi dod o hyd i un ym mhoced siaced Mattan. Ond taflodd stori Frank Gibbins —gwyliwr nos yn John Cory Sailors' and Soldiers' Rest, Stryd Bute, oleuni arall ar y defnydd a wnâi Mattan o'i rasel yn awr ac yn y man.

Adwaenai Mattan yn dda a rhyw chwe mis cyn y llofruddiaeth galwodd Mattan gydag ef tuag un o'r gloch y bore. Dangosodd wats arddwrn i Gibbins a cheisio benthyca deg swllt ar hugain, gan roi'r wats fel ernes. Cytunodd Gibbins yn y diwedd a rhoi benthyg pum swllt ar hugain iddo, gyda Mattan yn addo, pe na ddôi'n ôl i gasglu'r wats erbyn y nos Sadwrn canlynol, mai Gibbins fyddai piau hi.

Ond ni ddaeth yn ôl tan y nos Fawrth wedyn—a hynny tua chwarter wedi dau y bore—a gofyn am y wats. Gofynnodd Gibbins am yr arian yn gyntaf. Cythrodd hwnnw yn y wats yn llaw Gibbons ond daliodd yntau'i afael ynddi nes i Mattan estyn ei law arall i'w boced frest a thynnu rasel *cut-throat* allan gan weiddi ar Gibbins i ollwng ei afael neu byddai'n torri'i law i ffwrdd. Dychrynodd Gibbins gymaint nes iddo golli'i afael a rhedodd Mattan allan. Ni welodd Gibbins ef wedyn.

Ac mae'n fwy na thebyg mai'r un wats oedd asgwrn cynnen arall y bu Mattan ynddi. Ddeufis ynghynt daethai merch o'r enw Betty Bond i siop g'weirio watsys Olabisi Oshin, a oedd yntau'n Somaliad, yn 245 Stryd Bute i ofyn am wats arddwrn ail-law a gwelodd un am ddeg swllt ar hugain. Bodlonodd Oshin iddi fynd â'r wats gyda hi iddi gael gweld a fyddai'n siwtio'r sawl yr oedd am ei rhoi'n anrheg iddo.

Ddwy noson yn ddiweddarach roedd Oshin mewn bar llaeth yn Stryd Sophia pan ddaeth Betty Bond ato gan ddweud ei bod am brynu'r wats ond ei bod yn colli peth amser. Cytunodd Oshin i'w ch'weirio a rhoddodd hi mewn poced fechan ym mlaen ei drowsus. Er bod tipyn bach o'r strapen yn dangos ni chredodd llai na'i bod yn berffaith saff.

Arhosodd yn y bar am ychydig ac yn y man daeth Mattan ato o rywle, a'r ddau yn adnabod ei gilydd yn dda. 'Helô, gyd-wladwr,' meddai hwnnw, gan ddechrau pwnio Oshin yn chwareus yn ei frest a'i fol â'i fys. Ni feddyliodd Oshin fod dim byd yn rhyfedd yn hynny ar y pryd, ac yn y man aeth adref.

Rai diwrnodau wedyn daeth perchen y Cyprus Café, 50 Stryd Bute, â chwpanaid o goffi i Oshin yn ei siop wedi i hwnnw'i archebu ac ar unwaith sylwodd Oshin ei fod yn gwisgo'r wats oedd i fod i Betty Bond. Pan ofynnodd Oshin o ble y cafodd y llall hi cafodd yr ateb ei fod wedi ei chael gan Mattan fel ernes am ddyled o bunt.

Ar unwaith tarodd Oshin ei law i boced fach ei drowsus. Nid oedd y wats yno! Roedd wedi llwyr anghofio amdani. Ac fel fflach daeth yn ôl i'w feddwl y cyfarch gwresog hwnnw a gawsai gan Mattan yn y bar llaeth. A phwrpas y procio bol.

Allan ag ef i chwilio am Mattan a dod o hyd iddo chwap iawn a'i wynebu'n lled ddiseremoni. Ond tyngai hwnnw mai wedi dod o hyd i'r wats mewn lle gamblo yn Stryd Sophia yr oedd, ac nid cyn i Oshin fygwth y polis arno y cyfaddefodd Mattan ac addo dod â'r wats yn ôl.

Ond aeth wythnosau heibio a dim sôn am y wats. Yna cyfarfu'r ddau ar bont camlas yn Stryd Bute rhyw brynhawn ac aeth yn ymrafael rhyngddynt. Ceisiodd Mattan ddianc ond rhedodd Oshin ar ei ôl a'i ddal. Tynnodd Oshin ei got ac aeth yn ymladd yr eilwaith. Yn sydyn estynnodd Mattan rasel *cut-throat* o boced fewn ei siaced a'i chwifio yn wyneb Oshin gan fygwth ei ladd. Ond nid ildiai hwnnw ddim, ac yn y ffrwgwd torrwyd bys bawd chwith Oshin yn ddifrifol nes bod gwaed yr holl le.

Ond ni chiliai Oshin hyd yn oed wedyn. Ymlaen ag ef eto ac anelodd Mattan y rasel at ei wyneb, ac wrth iddo ddowcio'i ben i osgoi'r ergyd pasiodd honno dros ei ysgwydd a thorri strapen ledr ei ddrowsus yn ddwy. Cydiodd Oshin yn un pen a thrio bwrw Mattan â'r bwcwl, ond cydiodd hwnnw yn y pen arall a thorri'r strapen â'r rasel eto. Ond o'r diwedd rhedodd Mattan i ffwrdd gydag Oshin ar ei ôl nes i hwnnw golli golwg arno.

Mae'n debyg fod tyrfa wedi crynhoi i weld y ffeit ond dim ond un tyst—Alexander Clarke—a ddaeth ymlaen i gadarnhau'r stori.

Ac fel pe na bai hynny'n ddigon, tystiodd Eileen Culberston a Vera McCarthy fod Mattan wedi bod yn chwythu bygythion ar fetiwr proffesiynol ar Chwefror 28ain, sef wythnos cyn y llofruddiaeth. Roedd ganddo gyllell hir yn ei law, meddai'r rheiny, tu allan i fflat Joseph Gauci yn gweiddi ar hwnnw i ddod allan. Ond i fod yn deg â Mattan, nid oedd yr un o'r ddwy yn medru ei adnabod cyn iddynt weld llun ohono.

XI

Anfonwyd dillad, esgidiau a waled Mattan i'r Labordy Fforensig lle daethpwyd o hyd i 87 o smotiau bychain, bychain o waed ar ei esgid dde a 18 ar yr esgid chwith a phrofwyd mai gwaed dynol ydoedd. Roedd siâp a maint y smotiau yn awgrymu i'r gwaed dasgu'n ôl ar yr esgidiau ar ôl disgyn yn blwm i'r llawr. Gwelwyd hefyd bod olion gwaed ar ddwrn y sêff ac ar y drws y tu cefn i'r dwrn fel pe byddai'r llofrudd wedi trio agor y sêff yn ogystal â'r drôr arian. Ond ni fedrid profi mai gwaed Lily oedd ar sgidiau Mattan.

Y cam nesaf oedd cynnal *identification parade* i gael gweld a fedrai Mrs Volpert neu Doris neu'r ferch fach adnabod y dyn oedd wrth ddrws y siop pan aeth Lily i ateb y gloch. Rhoddwyd wyth o ddynion o tua'r un disgrifiad i sefyll yn rhes, a Mattan yn eu mysg, ond methodd y tair â'i bwyntio allan.

Gofynnwyd hefyd i Esther Williams ddod i'r prawf— roedd hi wedi pasio'r siop am wyth o'r gloch noson y drosedd ar ei ffordd i yrfa chwist yng Nghanolfan Gymuned Bute Town a bu'n torri gair neu ddau â Lily. Ar yr un pryd gwelodd ddau ddyn yn nrws y siop nesaf ond un i siop Volper—un dyn gwyn ac un tywyll. Ond ni allai adnabod Mattan fel un o'r ddau. Yr unig un a adnabu Mattan oedd yr Indiad Ali Habib, a'i hadnabu fel y dyn oedd yn ei gaffi y nos cyn y llofruddiaeth, ffaith yr oedd Mattan yn ei gwadu, wrth gwrs. Ond o leiaf profai unwaith yn rhagor ei fod yn gelwyddog.

Felly, o ystyried yr wybodaeth oedd gan yr heddlu ar hynny o bryd, damcaniaethai'r Ditectif Brif Arolygydd Power i Mattan fynd i mewn i'r siop tra oedd Tolley a

Bush yno, ac yn lle gadael pan ddywedodd Lily wrtho na dderbyniai gwsmer arall, iddo guddio yn rhywle yn y siop tra oedd hi'n delio â'r ddwy wraig. Yna, wedi i'r rheiny fynd ac iddi hithau folltio'r drws, iddo ymosod arni tra oedd hi'n plygu y tu ôl i gownter i roi'r esgidiau plant yn barod i Margaret Bush erbyn trannoeth. Yna dwyn yr arian o'r drôr, dadfolltio'r drws a ffoi.

Ond beth am dystiolaeth mam Lily a'i chwaer a'i nith? Clywodd y tair y gloch, gwelodd y tair ddyn tywyll ei groen yn sefyll y tu allan i'r drws, a'r unig reswm y cododd Lily o'r bwrdd swper oedd i fynd i ateb y drws.

Felly, os oedd Mattan yn y siop pan ganwyd y gloch, nid oedd gan y sawl oedd tu allan ddim i'w wneud â'r drosedd. Os hynny, nid oedd wahaniaeth p'un ai oedd yn cario ymbarél nac yn gwisgo cot ddu na het neu beidio. Heblaw bod y sawl oedd tu fewn a'r sawl oedd tu allan yn deall ei gilydd! Ac wedi'r cyfan, pan honnodd Mattan wrth Doc Harrison iddo wybod mai o'r tu blaen y torrwyd gwddf Lily derbyniwyd hynny fel gwybodaeth arwyddocaol iawn. Onid oedd yn bosib fod y ffaith iddo ddweud fod dau berson wedi bod ynglŷn â'r drosedd yn wybodaeth lawn mor arwyddocaol?

XII

Yng nghanol yr holl helynt a'r holi ynghylch y llofruddiaeth bu Mattan o flaen Llys Ynadon Caerdydd ar ddydd Sadwrn 15fed ar gyhuddiad o ddwyn cot law gwerth £12.12s.0c. o siop J. J. Woodward Cyf. a hynny ar yr unfed ar ddeg, sef y dydd Mawrth cynt. Yr union ddiwrnod y dywedodd Harrison iddo'i weld mewn dillad newydd yn Stryd Herbert. Tra thebyg fod y got law yn rhan o'r owtffit newydd. Ond, os mai Mattan oedd wedi cyflawni'r drosedd yn siop Volpert, onid oedd yn rhyfedd iddo ddwyn cot gwerth deuddeg punt ac yntau ag yn agos at gan punt yn ei waled?

Beth bynnag, cadwyd ef yn y ddalfa ar gyhuddiad o ddwyn tan y Llun canlynol—yn rhannol am fod gan yr heddlu reswm i gredu y byddai'n ffoi o'r ardal y diwrnod hwnnw pe rhyddheid ef ar fechnïaeth.

Roedd Mattan wedi cael ei holi'n fuan wedi'r llofruddiaeth a thrachefn fore drannoeth pan ffoniodd Doc Harrison yr heddlu. Cofnodwyd ei ddatganiad y tro hwnnw gan y Ditectif Sarjant David Morris. Yn fras, ategodd bopeth a ddywedodd y noson cynt ond y tro hwn rhoddwyd y datganiad mewn ysgrifen.

Yna am chwarter i bump brynhawn dydd Mercher y 12fed holwyd ef eto, o dan rybudd ac yn dra manwl y tro hwn gan y Prif Arolygydd Harry Power ac ym mhresenoldeb yr Arolygydd Lowdon Roberts.

I ddechrau fe'i hatgoffwyd iddo ddweud ei fod wedi gadael y sinema ar nos Iau am hanner awr wedi saith a mynd yn syth adref. Dywedwyd wrtho fod tystiolaeth crbyn hyn yn dangos na chyrhaeddodd yno tan hanner awr wedi wyth. Yna fe'i rhybuddiwyd nad oedd yn rhaid iddo ddweud dim, ond y gallai'r hyn a ddywedai gael ei roi mewn tystiolaeth. Gwrthododd y dewis o gael cyfieithydd gan ddweud ei fod ef ei hun wedi gwasanaethu fel cyfieithydd mewn llys cyn hynny. Yna darllenodd y ditectif y datganiad a wnaeth i Sarjant Morris ar y nos Wener cynt a chytunodd ei fod yn gywir. Tyngai ei fod wedi cyrraedd adref am ugain munud i wyth ac mai celwydd oedd i unrhyw un ddweud yn wahanol. Ond hyd yn oed petai hynny'n wir, medrai'n hawdd fod wedi cyrraedd Siop Volpert erbyn wyth o'r gloch.

Ategodd mai'r tro olaf iddo fod yn Stryd Bute oedd ar y Sul cyn y llofruddiaeth ac nad oedd wedi bod yn siop Lily Volpert ers 1949—ac roedd hynny ddwy flynedd yn ddiweddarach nag a ddywedodd wrth James Monday, ond medrodd Vic Butler ei 'gywiro' ar y pwynt hwnnw!

Aethpwyd drwy'i holl symudiadau yn ystod wythnos y llofruddiaeth, ac o leiaf cytunodd â datganiad Harrison ei fod wedi gorffen gweithio yn y ffowndri ar ddydd Mercher, gan dderbyn £4.17s. o bae ac iddo dderbyn £1.6s.0c. o Gymhorthdal Cyhoeddus drannoeth. Cytunodd hefyd ei fod wedi bod yn rasys milgwn Parc Somerton ar y nos Wener, ond ni fu'n lwcus â'i fetio, meddai ef—collodd chweugain!

Gofynnwyd iddo a oedd wedi gweld angladd Miss Volpert ond atebodd na wyddai hyd yn oed pa ddiwrnod y bu'r cynhebrwng. A hynny wrth gwrs yn hollol groes i dystiolaeth James Monday. Yn wir, roedd ei atebion bron i gyd yn groes i fersiynau'r tystion.

Yn ôl Ali Habib, gwelsai Mattan mewn caffi yn Stryd Bute am hanner awr wedi naw y noson cyn y llofruddiaeth. Fe'i cofiai'n glir gan i Mattan geisio cael ganddo agor ei siop groser gan fod arno angen torth. Ond gwadu hynny wnaeth Mattan gan fynnu nad oedd wedi bod yn Stryd Bute ers y nos Sul cyn y drosedd.

Gwadai iddo erioed fod yn berchen cyllell, gwadai iddo awgrymu i Doc Harrison y dull y llofruddiwyd

Lily, gwadai ei fod yn gwisgo dillad newydd pan welwyd ef yn Stryd Herbert gan Harrison a James Monday. Gwadai bopeth bron. Gyda dim na wadai iddo wadu! Tyngai fod yr heddlu'n gelwyddog a hawliodd gael wynebu Monday a Harrison. Gwnaed trefniadau ar gyfer hynny'n hwyrach y noson honno.

Pan gyrhaeddodd Harrison gofynnodd Power iddo yng nghlyw Mattan, 'Mae Mr Mattan yn dweud eich bod wedi gwneud camgymeriad ynglŷn â'r amser y daeth ef adref nos Iau diwethaf, a wnewch chi ddweud eto pa bryd y daeth i fewn?' Ac atebodd Harrison, 'Gwnaf, mi ddyweda i pa bryd y daeth i fewn. Roedd hi wedi hanner awr wedi wyth, does dim camgymeriad,' a chan droi at Mattan, 'Pam na ddywedi di'r gwir? Rwyt ti'n gwybod yn iawn pryd y doist ti i'r tŷ—roedd hi wedi hanner awr wedi wyth.'

Dechreuodd pethau boethi rhwng y ddau a chyhuddodd Mattan Doc Harrison o balu celwyddau am ei fod ef wedi cario clecs am Harrison i'r Cymorth Cyhoeddus. Aeth pethau o ddrwg i waeth a'r ddau yng ngyddfau'i gilydd. Gyda dim nad âi'n ymladd oni bai i'r heddlu ddod rhyngddynt. Erbyn hynny roedd Mattan yn gandryll, yn cyhuddo'r heddlu o gelwydda ac yn rhefru am ladd y brenin a lladd ugain o ddynion a llawer peth arall na fedrai neb mo'u deall. Felly ataliwyd yr holi i roi cyfle iddo ddod ato'i hun.

Yna dygwyd James Monday i'w wynebu a dywedodd hwnnw mai tua chwarter i naw y daethai Mattan i'r tŷ. Ond gwadu hynny hefyd a wnaeth Mattan, gan ychwanegu y dywedai Monday unrhyw beth y gofynnai Harrison iddo'i ddweud. Poethodd y ddadl y tro hwn eto a dim ond ymdrechion yr heddlu a'u cadwodd ar wahân. Waeth pwy na beth fyddai'r dystiolaeth, fe'i gwadai Mattan ef. Gwadai hyd yn oed iddo fod yn nhŷ'i wraig y noson honno a gwadu iddo ofyn i'w fam-yng-nghyfraith a oedd arni angen sigaréts ac iddo fod yn siarad â'i blant.

Erbyn prynhawn dydd Sul Mawrth 16eg, a Mattan eisoes yn y ddalfa ers y prynhawn cynt o ganlyniad i ddedfryd y Llys Ynadon, teimlai'r heddlu fod ganddynt ddigon o dystiolaeth i'w gyhuddo'n ffurfiol.

Mae'n wir bod y dystiolaeth uniongyrchol yn ei erbyn yn ddigon prin. Roedd y got ddu honno a welwyd yn ei ystafell noson y drosedd wedi hen ddiflannu, ac ni ddaethpwyd o hyd i na het na menig nac ymbarél. Ni chafwyd dim ychwaith a allai fod wedi bod yn arf y drosedd. Y nesaf peth at hynny oedd tystiolaeth Marion Simins o 34 Stryd Angelina—sef y tŷ hwnnw y bu Mattan yn gamblo ynddo yn ystod y nos Sadwrn wedi'r llofruddiaeth.

Rywbryd yn ystod y nos, meddai hi, aethai hi i mewn i ystafell y gamblo a llond ei breichiau o ddillad budron i'w golchi drannoeth a'u gadael yn grugyn yn y gornel. Roedd y cyfan yn dwmpath bron cyfuwch â chanol dyn. Gwelwyd Mattan yn ddiweddarach yn sefyll am rai munudau a'i gefn at y crugyn dillad ac o fewn hyd braich iddo. Drannoeth, pan aeth hi i symud y dillad i'w golchi daeth o hyd i rasel *cut-throat* ac iddi garn o asgwrn, yng nghanol y bwndel. Rasel lân ac mewn cyflwr da. Ni feddyliodd ddim am y peth ar y pryd, gan feddwl bod y rasel wedi llithro o boced rhyw ddilledyn yn y crugyn, a thaflodd y rasel i'r lludw dan y grât. Yn ddiweddarach fe'i bwriodd gyda'r lludw i'r bin sbwriel. Tybed ai â honno y torrwyd gwddf Lily Volpert?

Ond os oedd y dystiolaeth uniongyrchol yn erbyn Mattan braidd yn wan, roedd y dystiolaeth amgylch-iadol yn anwadadwy.

Roedd yn ŵr o gymeriad nad oedd bygwth, ymladd a chlwyfo, yn ddim ganddo. Roedd ganddo'r cyfle, rhwng yr amser y gadawodd y sinema a'r amser y

The John Cory Sailors' and Soldiers' Rest.

gwelwyd ef yn y tŷ, i fod wedi cyflawni'r drosedd. Roedd yn amlwg fod angen sigaréts arno ar y noson dyngedfennol, yn ôl tystiolaeth mwy nag un. Ac onid y ffaith i Lily wrthod gwerthu pecyn iddo a gynhyrfodd y gŵr a welodd Tolley a Bush yn y siop? Roedd yn lleidr, yn gelwyddog ac yn gwbl ddi-dryst hyd yn oed i'w gyfeillion. Ac yn bennaf yr oedd, yn union wedi'r drosedd, yn ymddangos fel pe buasai wedi dod i gryn dipyn o arian na allai roi cyfrif amdano. Nid oedd amheuaeth, felly, na ddylai sefyll ei brawf.

Roedd Mattan eisoes yn y ddalfa ar gyhuddiad o ddwyn cot law o siop J. J. Woodward ar yr unfed-ar-ddeg, sef bum diwrnod wedi'r llofruddiaeth. Roedd hyn yn taro dyn braidd yn rhyfedd os oedd ganddo arian Lily Volpert yn ei boced. Ond beth bynnag am hynny, fe ymddangosodd o flaen Ynadon Caerdydd ar y 15fed, sef y dydd Sadwrn, a chael ei gadw yn y ddalfa ar y cyhuddiad hwnnw tan y Llun canlynol—achos yr oedd yr heddlu wedi cael achlust ei fod yn bwriadu dianc o'i lety y diwrnod hwnnw pe rhoddid mechnïaeth iddo.

Yn y cyfamser, sef brynhawn Sul yr 16eg, fe'i cyhuddwyd o lofruddiaeth, ac ymddangosodd o flaen yr ynadon eilwaith ar y bore Llun i ateb i'r cyhuddiad hwnnw. Gofynnodd Clerc y Llys iddo a oedd am gyfreithiwr i'w amddiffyn ac atebodd yntau, 'Fy amddiffyn am beth?' Ni fedrai ddeall pam y dygwyd ef i'r llys o gwbl. Ond p'un bynnag, rhoddwyd cymorth cyfreithiol iddo a phenodwyd Mr Norman Morgan i'w gynrychioli.

Mr Ryland Thomas a ymddangosai ar ran y Cyfarwyddwr Erlyniadau Cyhoeddus a Mr Guy Six-Smith oedd yr Ynad Cyflogedig. Amlinellodd Ryland Thomas yr achos cyn galw ar y tystion, gan ddweud nad oedd yr erlyniad yn awgrymu mai Mattan oedd y dyn a welwyd gan fam, chwaer a nith Lily Volpert drwy'r drws gwydr y noson honno, ond fod Mattan wedi dod i mewn i'r siop tra oedd Mrs Tolley a Mrs Bush yno ac iddo wedyn guddio mewn cornel lle cadwyd model teiliwr yn arddangos cot fawr. Galwyd ar y tystion ond ni chroesholwyd hwynt; dyletswydd y bargyfreithwyr yn y Frawdlys fyddai hynny.

XIII

Agorodd Brawdlys Morgannwg ar yr ail o Orffennaf 1952, lle gwrandawyd pedwar achos o lofruddiaeth, gan gynnwys yr achos enwog hwnnw lle cyhuddwyd Mrs Alice Roberts o Dalsarnau o wenwyno ei gŵr. Mr Ustus Ormerod oedd y barnwr a dechreuodd achos Mattan ar yr ail ar hugain o'r mis gyda Mr Edmund Davies C.F. a Mr Alun Talfan Davies yn arwain dros y Goron. Mr T. E. Roberts a Mr Peter Hopkin Morgan oedd yn amddiffyn.

Yn ei araith agoriadol dywedodd Mr Edmund Davies fod tystiolaeth Mattan yn llawn celwyddau. Yn wir, ni allai fod yn ddim arall, gan y gwadai Mattan bopeth— hyd yn oed rai pethau a allai fod o'i blaid! Amlinellodd y bargyfreithiwr ddigwyddiadau noson y drosedd:

7.30pm	— Mattan yn galw yn siop Margaret Barry yn Stryd Adam a gofyn am sigaréts. Cerdded ar hyd Teras Bute i gyfeiriad Stryd Bute.
7.30-8pm	— Mattan yn galw yn nhŷ ei fam-yng-nghyfraith yn gwisgo cot fawr dywyll.

Yn fuan wedi 8pm	— Mattan yn cael ei weld yn siop Volpert ond ni welwyd ef yn gadael.
8.30-8.50pm	— Mattan yn galw yn siop May Gray yn gwisgo cot fawr dywyll.
8.30-9pm	— Gartref yn 42 Stryd Davis.

Drannoeth, honnai'r bargyfreithiwr, ystumiodd Mattan i Doc Harrison, perchennog ei lety, yr union ddull a ddefnyddiwyd i lofruddio Lily Volpert. Byddai Harrison hefyd yn tystio iddo weld Mattan yn eillio â rasel agored ddiwrnod cyn y llofruddiaeth. Y diwrnod wedi hynny, yn ogystal â'i weld yn gadael y tŷ yn ei 'ddillad gwaith' yn y bore, iddo'i weld mewn siwt newydd sbon yn ddiweddarach yn y prynhawn. Yn ychwanegol at hynny, bwriadai'r erlyniad alw tystion i brofi bod tipyn mwy o arian nag arfer gan Mattan yn y dyddiau'n dilyn y drosedd.

Galwyd 41 o dystion dros yr erlyniad ac efallai mai'r pwysicaf ohonynt oedd May Gray. Rhoddodd yr erlyniad bwys mawr ar ei thystiolaeth hi—fel yr oedd Mattan wedi rhedeg i mewn i'w siop yn fuan wedi'r llofruddiaeth, ar frys i brynu dillad ac wedi dangos waled yn cynnwys yn agos i ganpunt mewn papurau punnoedd, a'r rheiny mewn rholyn fel na fedrai'r waled gau yn iawn. Dangoswyd waled a gafwyd ym meddiant Mattan i Mrs Gray a thystiodd hi ei bod yn union yr un fath â'r waled a dynnodd y Somaliad hwnnw o'i boced yn ei siop ar y noson dyngedfennol.

Yn ei ddatganiad i'r heddlu roedd Harold Cover wedi disgrifio un o'r ddau Somali a welsai yn nrws Lily Volpert mewn modd oedd yn ffitio Mahmood Mattan i'r dim—heblaw am y dant aur. Ond pan alwyd ef i'r bocs tystio, a Mattan yn y doc o'i flaen, roedd yn barod i fynd gam ymhellach a thyngu mai Mattan, a neb arall, oedd y gŵr hwnnw. Ac fel y dywedodd yr erlynydd, Mr Edmund Davies, os oedd y dystiolaeth honno i ddibynnu arni, dyna ddiwedd yr achos. Byddai gair Cover, ynghyd â thystiolaeth May Gray, yn ddigon i ddarbwyllo unrhyw reithgor fod Mattan yn euog.

Ond ymosodwyd yn ffyrnig ar dystiolaeth Mrs Gray gan yr amddiffyniad. Awgrymwyd mai dim ond ar ôl clywed am y wobr o £200 gan deulu Lily Volpert y cynigiodd Mrs Gray ei gwybodaeth. Pam na fuasai wedi gwneud hynny ar unwaith? Ei hateb hithau oedd ei bod yn disgwyl i'r polîs ddod i'w holi. 'Gwyddwn y deuent, hwyr neu hwyrach,' meddai. Bu cryn ffrwgwd hefyd rhyngddi hi ac Elizabeth Williams, mam-yng-nghyfraith Mattan, y tu allan i'r Llys, a bu'n rhaid i'r barnwr orchymyn cadw'r ddwy ar wahân weddill yr achos.

Yn ogystal â hynny, deddfodd y barnwr na ellid caniatáu i dystiolaeth y Prif Arolygydd Harry Roberts gael ei rhoi o flaen y rheithgor. Dadleuodd yr amddiffyniad ei fod wedi torri Rheolau'r Barnwyr wrth gyf-weld Mattan yn yr orsaf. Er i'r heddwas dystio nad oedd Mattan wedi'i restio pan holwyd ef, a'i fod yn rhydd i ymadael unrhyw bryd, dywedodd Mr Ustus Ormerod ei bod yn rhesymol i Mattan *gredu* ei fod wedi'i restio. Felly ni chafodd y rheithgor glywed atebion Mattan i'r cwestiynau a ofynnwyd iddo. Atebion dadlennol iawn, fel y gwelwyd yn barod. Mewn gwirionedd roedd y barnwr wedi mynd allan o'i ffordd i fod yn fwy na theg i Mattan, gan roi iddo'r fantais o unrhyw amheuaeth a allai fod wedi codi.

Ond cafodd y rheithwyr weld ei ymateb i'r holi a fu arno yn y bocs tystio. Hynny wedi iddo dyngu llw ar y Koran—achos fel Mohamedan ni fyddai'n dilyn yr arfer o wneud hynny ar y Testament Newydd. Rhoddodd ei law dde ar Lyfr y Bri a'i law chwith ar ei frest a phlygu'i ben nes bod ei dalcen yn cyffwrdd â'r Llyfr Sanctaidd ac, mewn ateb i gwestiwn, ateb bod hynny'n ei rwymo i ddweud y gwir.

P'un ai a wnaeth hynny sy'n gwestiwn arall. Achos gwadu popeth a wnâi Mattan, beth bynnag a ddywedai unrhyw dyst. Er i Dorothy Brown, a weithiai yn siop Volpert dystio ei bod yn hollol gyfarwydd â gweld Mattan yno ac iddi wneud hynny ychydig wythnosau cyn y llofruddiaeth, taerodd Mattan nad oedd wedi bod yno ers 1949! Gwadodd iddo fod yn agos i siop Mary Gray a thyngu nad oedd wedi siarad â'i fam-yng-nghyfraith wrth ddod o'r sinema y noson honno, ond cyfaddefodd iddo siarad â'i wraig. Ond beth bynnag, meddai, nid oedd hynny o unrhyw fusnes i'r polîs.

Gwadai fod unrhyw got fawr yn ei ystafell fel yr honnai'r ddau dditectif, Dai Morris a John Lavery, ac ynglŷn â'r esgidiau gwaedlyd haerodd ei fod wedi'u prynu rai diwrnodau cyn y llofruddiaeth ond nad oedd wedi'u gwisgo tan y 12fed. Yn sicr nid oedd wedi'u gwisgo ar y chweched—noson y drosedd. Haerai na fedrai ddarllen a gwadai'r honiadau ei fod yn ddarllenydd cyson o'r *Sporting Echo*.

Yn wir, mewn dadl rhyngddo a Mr Edmund Davies bu bron i bethau ddisgyn i ffars hollol. Holodd y bargyfreithiwr ef a oedd ganddo fwstás ar noson y llofruddiaeth. Nag oedd, yn ôl y diffynnydd, a phan ddangoswyd iddo ffoto ohono'i hun a dynnwyd gan yr heddlu wrth gael ei ddwyn i'r ddalfa, ac yntau'n berchen mwstasen ddestlus, denau, gyda'r berta welwyd erioed, tyngodd ei fod wedi'i thyfu mewn tri diwrnod!

A phan gymerodd May Gray y bocs tystio mae'n rhaid bod sobrwydd arferol y Llys wedi'i sigo rywfaint. Achos yr oedd hi mor drwm ei chlyw â phost, a chanddi gyfarpar yn ei chlust. Ond mae'n rhaid nad oedd hwnnw'n gweithio yn rhyw dda iawn achos dyma rai o'i hatebion:

Cwestiwn: *What sort of gloves was he wearing?*
Ateb: *No, they were pound notes.*

Cwestiwn: *What sort of gloves was he wearing?*
Ateb: *The batteries have gone on my hearing.*

Barnwr: *The police will see to it that she has new batteries.*

Cwestiwn: *Do you find it an encumberance to wear that hearing aid?*
Ateb: *Yes I can hear you . . .*

Cwestiwn: *Are you in business?*
Ateb: *Pardon . . .*

Cwestiwn: *Did you not hear that?*
Ateb: *Yes.*

Cwestiwn: *Did you speak to Mrs Williams yesterday?*
Ateb: *Who?*

Cwestiwn: *Mrs Williams. Did you speak to her yesterday?*
Ateb: *I didn't speak to anyone.*

Cwestiwn: *I asked you, did you speak to Mrs Williams?*
Ateb: *Pardon.*

Cwestiwn: *Did you speak to Mrs Williams? Answer the question.*
Ateb: *No.*

Cwestiwn: *Are you sure?*
Ateb: *Pardon.*

Cwestiwn: *Are you sure you didn't speak to Mrs Williams yesterday?*
Ateb: *She insulted me and my batteries went out . . .*

Cwestiwn: *What was the condition of his hat?*
Ateb: *Very wet.*

Cwestiwn: *What was the condition of his gloves?*
Ateb: *Yes . . .*

Efallai'n wir mai parhau yn yr awyrgylch swreal hwn a wnâi Mattan ei hunan achos gwadai dystiolaeth Abdul Monaf iddo fod yn chwarae cardiau yn nhŷ hwnnw (lle gwelwyd y rasel yn y bwndel dillad) ar y nos Sadwrn, a bu Edmund Davies yn ddigon craff i nodi nad oedd twrnai Mattan wedi dewis croesholi'r tyst ar y pwynt hwnnw. Ond er iddo roi hynny gerbron Mattan yr oedd unrhyw arwyddocâd posib fel dŵr ar gefn hwyad i'r Somaliad. Ei ymateb bob tro fyddai, 'Dim diddordeb beth ddwedodd y tyst, dim byd i'w wneud â mi,' neu rywbeth tebyg. Er enghraifft:

Cwestiwn: *Roeddech mewn brys mawr i newid dillad tua hanner awr wedi wyth ar y chweched o Fawrth?*
Ateb: *Roeddwn yn y gwely. Dim diddordeb beth ddwedodd unrhyw un.*

Wrth gwrs, roedd Mattan eisoes wedi'i gael yn euog o ladrata o'r Mosque hwnnw dri mis ynghynt, a'r un rhai yn union oedd ei dactegau yn y prawf hwnnw hefyd— gwadu pob dim. Ond er mor gelwyddog y profwyd ei atebion i'r Llys hwnnw, ni chaniatâi ystyriaethau cyfiawnder ddwyn hynny yn ei erbyn yn y Llys hwn.

Yn ei araith glo, gwahoddodd Mr Rhys Roberts y rheithgor i ddod i'r casgliad mai cael ei ddal mewn gwe o amgylchiadau a ddaeth â Mattan dan ddrwgdybiaeth yr heddlu. Tynnodd eu sylw at y gwahaniaethau yn y disgrifiadau ohono a roddwyd gan rai o'r tystion, a'r ffaith nad oedd yr heddlu wedi dod o hyd i unrhyw beth yn ei ystafell a fedrai ei gysylltu â'r drosedd. Ac yna ychwanegodd sylw a allai, ar ryw olwg, fod wedi gwneud cryn niwed i achos ei gleient. Dywedodd ei bod yn ddigon posib i rai pobl gredu bod Mattan yn *'half child of nature and a semi-civilized savage.'* Prin y gallai ymadrodd o'r fath ysgogi ymddiriedaeth yn ei ymddygiad.

Wrth grynhoi'r holl achos i'r rheithwyr, pwysleisiodd y Barnwr mai eu dyletswydd a'u cyfrifoldeb hwy yn unig oedd dod i benderfyniad ynglŷn â gwirionedd neu beidio dystiolaeth y gwahanol dystion. A oedd Mrs Gray yn gelwyddog neu'n anghywir yn ei thystiolaeth hi? A oedd gair Hector Cooper i'w ddibynnu arno? Ac Abdul Monaf? Neu Harold Cover, a dystiodd iddo weld Mattan yn dod allan o siop Volpert bron yn union wedi'r drosedd? Ynteu ai Mattan ei hun oedd yn llurgunio'r ffeithiau?

Awr a 35 munud a gymerodd i'r rheithgor ddod i benderfyniad. Cwbl unfrydol. Euog. Galwyd ar Mattan i godi a safodd yn syth gan edrych i union lygad y Barnwr yn ddiemosiwn hollol, hyd yn oed pan wisgodd hwnnw'r capan du a'i ddedfrydu i'w grogi.

Fel y digwyddai, roedd un o'r ddau swyddog carchar a warchodai Mattan yn ystod yr achos, ac a'i hebryngodd i'r gell wedi'r ddedfryd, yn ewythr i mi— Oliver Davies. Roedd hefyd yn un o'r ddau a gafodd y profiad erchyll o'i hebrwng i'r crocbren yn ddiweddarach.

Ynglŷn â'r wobr o £200 a gynigid i'r sawl a roddai wybodaeth i'r heddlu a arweiniai at ddal y llofrudd, ystyriwyd ei rannu rhwng Cover, May Gray, James Monday a Harrison, ond wedi ystyriaeth bellach penderfynwyd ar Cover a May Gray.

XIV

Cyflwynwyd achos Mattan i'r Llys Apêl dan lywydd-
iaeth Mr Ustus Oliver, lle penderfynodd ef a'i ddau
gyd-farnwr, Mr Ustus Devlin a Mr Ustus Gorman, yn
unfrydol nad oedd unrhyw sail dros newid y ddedfryd.
Yn wir, aeth Oliver allan o'i ffordd i bwysleisio bod
Mattan wedi cael perffaith chwarae teg yn y Frawdlys
(gan gofio, mae'n siŵr, i'r Barnwr wrthod i'r llys gael
clywed cyfweliad Mattan o dan rybudd i'r Prif
Arolygydd Harry Power) bod yr achos yn un clir o
lofruddiaeth er mwyn elw yn ei erbyn ac nad oedd
unrhyw amheuaeth bod y rheithgor wedi dod i'r
penderfyniad cywir, a bod crynhoad y Barnwr Ormerod
o'r dystiolaeth yn batrwm o'r hyn y dylai fod.

Yn y cyfamser, ac yntau yng nghell y condemniedig,
gwnaethai Mattan nifer o ddatganiadau a chyhuddiad-
au yn erbyn gwahanol bobl oedd ynghlwm â'r achos.
Ar y 26ain o Awst, gwnaeth ddatganiad i Harry Power
yng ngŵydd un o'r swyddogion carchar fel hyn:

*Only one thing I lose in my case. My defending solicitor
and counsel been told me I got nothing to say to the Court
but if I put my evidence in front of the Jury I would not be
here today, but it is no good for me to tell you what my
evidence is that I did not put before the Court because it is
too late . . .*

Ond gwyddom iddo gael pob cyfle yn y bocs tystio i
ateb cwestiynau a rhoi'i achos—pe bai wedi manteisio
ar hynny.

Cyhuddodd Harry Power o fod wedi darbwyllo
Cover, Harrison a James Monday i roi tystiolaeth

gelwyddog yn ei erbyn, a hyd yn oed ei fod wedi gosod y gwaed ar ei esgidiau—rhywbeth fyddai bron yn amhosib iddo'i wneud.

Honnai mai prynu'r esgidiau yn ail-law a wnaeth a bod rhywun wedi dod o hyd iddynt mewn tomen sbwriel, gan awgrymu efallai fod y gwaed arnynt y pryd hwnnw. Heb sylweddoli, mae'n rhaid, na allai'r ddau esboniad fod yn wir!

Mynnodd gael anfon neges i'r heddlu yn dweud bod ei wraig wedi cael gwybod gan ryw Terry Morrissey bod Harold Cover wedi dweud ei fod yn mynd i roi tystiolaeth gelwyddog o flaen y llys. Ond pan aeth Harry Power i ymchwilio i'r honiad hwnnw, gwadodd Morrissey iddo ddweud y fath beth. A ph'un bynnag, roedd gwraig Morrissey a gwraig Mattan yn ddwy chwaer!

Mewn datganiad a wnaeth o'i gell i Harry Power, honnai nad oedd neb am ei helpu am fod ei groen yn ddu a bod ei fywyd yn tsiep iawn. Pe bai yn ddyn gwyn byddai'r awdurdodau'n ei gredu ac achwynai na wnaeth ei dwrneiod ddim i'w helpu gan ailadrodd ei gyhuddiad iddynt ei gynghori i beidio â mynd i'r bocs tystio. Pe byddai wedi cael cyflwyno'i dystiolaeth, meddai, ni fyddai yn y picil yr oedd ynddo. A hynny eto'n hollol groes i'r hyn yr oedd cofnodion y llys yn ei ddangos.

Ni fedrai, meddai ef, ddweud pwy oedd y llofrudd am na wyddai ddim am y llofruddiaeth, ond pan ddeuai'r heddlu o hyd i'r troseddwr gwirioneddol yna ni fynnai i hwnnw gael ei grogi am ei bod yn gred gan y Somaliaid na ddylai dau fywyd gael eu haberthu am un.

H.M. Prison, Cardiff
Tuesday 26th August 1952.

Mahmood Hussein Mattan,
Slatis

If it is Good for the
Government that the killer is
walking around and that I
am going to get hanged for
nothing — Good luck to the
Government and I am very glad
to be hanged for nothing.

I dont want to wait
any longer I want to get hanged
as soon as possible.

Too many people know
about my case in Cardiff that
I am going to get hanged for
nothing and I believe something
is going to turn up before long
but I want if you find the
killer after I get hanged I
dont want him to get changed at
all. I can't tell you who
he is because I dont know
nothing about it. Only one
thing I can say it can't be two
lives for one so I get hanged
myself. Good luck to him whoever
he are black or white. Only one
thing I am glad if I get hanged
for nothing under the British flag
good luck to him. because I
used to hear that the British

53

Government is a fair dealer but I never see no fair dealing in my case, because I never see anybody in Swansea Court or the Appeal Court interfere in my favour. Only one thing so far as I am concerned I am black man & nobody like my favour because my life is very cheap. I am the first man to get hanged for nothing in this country, and I don't think that anyone believe what I say right now but before long one time you do believe it because too many people know something about this case & maybe somebody talk later on. Suppose I got a whiter skin I don't be hanged today for this case because nobody been hanged for the word "if" in this country before because the Government accept that word and I am telling lies & other people telling truth. I doesn't interfere with anybody else and I don't tell one word lie in my case. I was true all the way.

The pair of shoes was second-hand when I bought them. I am not going to swear it whether there was blood on them or not but what I do swear is

54

that I got nothing to do with
the murder.
      Suppose I see somebody
especial from your office for further
statement more than that, I doesn't
going to give any further statement
to the man who you send me
because he know everything in
my case more than I do. That's all.
      The pair of shoes were found
on the dumps before I bought them
& it was not me who find them
it was somebody else. I bought
them from somebody else.
      I hope from God if I
got anything to do with that murder
I never be safe. and if I am
true I hope my God to save me.
That all.

M. H. Mattan

      This statement was taken at
Night Prison, Cardiff, by Detective Chief
Inspector Harry Power between 10.30 am
& 11.25 am on Tuesday the 26th August
1932 in the presence of Prison Officers
Samuel J. R. Pendleton & J. Geoffrey Basil
Smith.
      Mattan then said he wanted
to say something further :-
Continued.   Only one thing I

lose in my case. my defending
Solicitor & Counsel been told me
I got nothing to say to the Court
but if I put my evidence in front
of the jury I would not be here
today, but it is no good for me
to tell you what my evidence is
that I did not put before the Court
because it is too late, but the evidence
you accept of the man Harold COVER
I can tell you something from his
evidence because he was told from
the Court he saw me that night
by the shops of the murdered woman
& also he Say there were many people
Standing in the Street but you can
Ask anyone from Cardiff what the
weather was like that night nobody
would be Standing in the Street.
If there were many people Standing
in the Street do you believe that
anyone would attack that woman.
This was not my own evidence
but what I heard COVER Say in
the Rhansea Court. and it is up
to you to accept it or not. That's
all.

M. H. Mattan

Further Statement taken between
11.25am & 11.40am. Witnessed
by Prison Officers Pendleton & Smith.

Datganiad Mattan yn y carchar.
Gweler fersiwn gliriach ohoni yn yr Atodiad ar dudalen 79.

56

XV

Fel yr âi'r amser yn ei flaen ymchwiliwyd yn fanwl i honiadau Mattan heb gael unrhyw sail drostynt, ac wedi i'r Ysgrifennydd Cartref, Syr David Maxwell Fyfe, ystyried pob deiseb a roddwyd ger ei fron ar ran Mattan, cyhoeddodd na welai unrhyw reswm dros ymyrryd â chwrs y gyfraith. Ac felly aethpwyd ymlaen â'r paratoadau ar gyfer y dienyddio ar Fedi'r 3ydd, 1952, achos yr oedd y gyfraith yn gofyn bod dau ddydd Sul yn mynd heibio wedi i unrhyw apêl fethu cyn y gellid dienyddio.

Yn unol â chanllawiau a osodwyd i lawr flynyddoedd ynghynt ynglŷn â chrogi, byddai hyd y cwymp wedi cael ei amcanu i'r fodfedd drwy rannu 1260 *foot pounds* â phwysau'r condemniedig mewn pwysi—hynny, mewn troedfeddi fyddai hyd y rhaff. Achos roedd yn ofynnol i'r cwymp fod yn ddigon i ddatgymalu'r fertebra cerfigol ond ar yr un pryd heb fod yn ormod i achosi tynnu'r pen oddi ar y corff.

Y bore cyn y diwrnod tyngedfennol byddai Albert Pierrepoint y crogwr wedi bod yn rhoi prawf ar yr holl gyfarpar. Tra byddai Mattan allan o'i gell yn ymarfer yn yr iard byddai'r crogwr wedi gosod sachaid o swnd o'r un pwysau â Mattan wrth y rhaff grogi ar y crocbren a gwneud yn siŵr bod hyd y cwymp ac echel y llawr a'r lifar oll yn gweithio'n hwylus. Ar yr un pryd byddai'i fedd wedi'i dorri gerllaw.

Funudau cyn naw o'r gloch fore trannoeth, aeth Pierrepoint i mewn i gell y condemniedig ac estyn ei law i Mattan. Credodd hwnnw ei fod yn cael ei ryddhau. *'They won't hang me,'* meddai. Ond ychydig a wyddai ef mai yn y dull ffug-gyfeillgar hwnnw y byddai'r crogwr bob amser yn gweithredu. Wrth ei weld yn estyn llaw tuag ato y peth naturiol i Mattan fyddai estyn llaw yn ôl. Cyn gynted ag y cyffyrddai'r ddwy law byddai Mattan wedi ei droi wysg ei gefn a'i ddwylo wedi'u clymu o'r tu ôl iddo.

Y tu cefn i'r gist ddur uchel honno yn y gornel y daethai Mattan mor gyfarwydd â hi yn ystod ei wythnosau yn ei gell, a lle cedwid gêmau gwyddbwyll a phethau felly i dreulio'r oriau hirion, heb yn wybod i'r carcharor byddai drws yn arwain i'r crocbren, ychydig droedfeddi y tu allan.

Un eiliad ar bymtheg yn union wedi i Pierrepoint ddod i mewn byddai Mattan yn sefyll ar ddrws-trap y crocbren, y cwcwll gwyn (serch bod y mwyafrif ohonom yn credu mai cwcwll du a ddefnyddid) wedi'i daro am ei ben a'r rhaff am ei wddf. Ac wrth iddo deimlo'r rhaff a'r cwlwm o dan ei glust chwith, syrthiodd ar ei liniau gan lefain *'Allah, Allah, Allah Misso Mohamed.'* Gwthiwyd y lifar a disgynnodd i'r pydew.

Fe'i claddwyd mewn cornel o'r carchar. Ond wedi i'r gweithrediadau cyfreithiol gael eu cwblhau, cododd problem fechan. Mae'n arferol llosgi dillad unrhyw un a gafodd ei grogi. Ond pan restiwyd Mattan bu'n rhaid dwyn ei holl ddillad oddi arno er mwyn rhoi profion fforensig arnynt. Nid oedd felly ganddo ddim i'w wisgo. Ond mewn un boced iddo daethpwyd o hyd i docyn gwystlwr (*pawn broker*). Yr oedd wedi gwystlo un siwt o ddillad am bunt beth amser cyn y drosedd. Ac o dan yr amgylchiadau bodlonodd y gwystlwr i roi benthyg y siwt i'r heddlu i Mattan gael ei wisgo yn y Llys. Ond yn awr, roedd Messrs Zussens am gael y siwt yn ôl. A bu'n rhaid i Reolwr y Carchar gael caniatâd y Comisiynwyr Carchardai i'w dychwelyd.

XVI

Ddwy flynedd ar bymtheg yn ddiweddarach, ar y chweched o Fai 1969, roedd Oliver Davies (y swyddog carchar hwnnw a hebryngodd Mattan o'r Llys ac yn ddiweddarach i'r crocbren) ar ddyletswydd ym Mrawdlys Brycheiniog yn Aberhonddu. Sylwodd ar enw cyfarwydd iawn iddo ar restr yr achosion. Harold Cover. Yr un Harold Cover y bu ei dystiolaeth yn allweddol ym mhrawf Mahmood Mattan!

Roedd yno ar gyhuddiad o geisio llofruddio ei ferch ei hun, Elaina, merch ddeunaw oed yn byw gyda'i rhieni, Cover a Susan Smith, yn Stryd Angelina, Caerdydd. Mae'n debyg bod anghydfod wedi codi rhyngddi hi a'i rhieni am ei bod yn bwriadu mynd i fyw at ei chariad.

Ar ddiwrnod y drosedd treuliodd Cover dros ddwy awr yn ei hystafell wely yn ceisio'i darbwyllo i beidio â symud. Ond yn ofer. Ymhen ysbaid daethai'r ddau yn ôl i lawr i'r gegin. Ond aeth hi'n ôl i'r llofft gan ddweud ei bod yn mynd i bacio'i dillad, ac aeth yntau ar ei hôl gan ddweud ei fod yn mynd i'w helpu. Ymhen rhai munudau daeth i lawr yn ei ôl eto gan ddweud, 'Dyna hyn'na. Mae'r cyfan drosodd.' 'Beth, ydy hi'n barod i fynd?' holodd ei gymar. Ac atebodd yntau, 'Na, mae hi'n farw.'

Rhuthrodd Susan i'r llofft a chael y cyfan yn waed i gyd a'r ferch ar lawr a'i gwddw wedi'i dorri gan gyllell. O'R TU BLAEN! Yr union ddull a ddefnyddiwyd i lofruddio Lily Volpert. Yn ffodus, daethpwyd i ben â chael y ferch i'r ysbyty mewn pryd ac arbedwyd ei bywyd. Nid oedd amheuaeth, pe bai'r ferch wedi'i gadael am ychydig amser yn hwy, byddai wedi marw.

Plediodd Cover yn euog ac anfonwyd ef i garchar am oes.

XVII

Fel y buasid yn ei ddisgwyl, roedd papurau newyddion Caerdydd yn ferw o'r hanes mewn dim o dro. Wedi'r cyfan, roedd un o'r prif dystion a draddododd Mahmood Mattan i'w grogi, ac un oedd yn y fan a'r lle pan lofruddiwyd Lily Volpert, yn awr wedi'i gael yn euog o gyflawni bron yr union drosedd ei hunan! Digon i beri i unrhyw un gredu bod yna ryw ddrwg yn y caws.

Ac wrth gwrs, ymhen dim roedd y papurau cenedlaethol wedi cael gafael ar y stori. A chyn diwedd y mis roedd dau newyddiadurwr o'r *People* yng Nghaerdydd yn cyf-weld Laura Mattan ac yn chwilio am y rhai a fu'n dystion yn achos llofruddiaeth Lily Volpert ddeunaw mlynedd ynghynt. A than y pennawd awgrymog: *WAS THE WRONG MAN HANGED?* roedd erthygl gan David Wickam yn adrodd sut yr oedd ef wedi cyf-weld nifer o'r tystion gwreiddiol ac yn bwrw amheuaeth ar y ddedfryd.

Ac er ei bod yn hollol ddealladwy mai ceisio profi bod anghyfiawnder *wedi*'i gyflawni oedd ei bwrpas ef (achos ni byddai'n 'newyddion' fel arall) mae'n rhaid cyfaddef fod ei chwilfrydedd (a'i ddychymyg) wedi cael cryn effaith ar yr hyn a ddigwyddodd wedyn yn yr achos hwn.

Yn ei erthygl honnai Wickam ei fod wedi cyf-weld Margaret Bush ac i honno ddweud wrtho, er nad oedd wedi gweld Mattan yn siop Volpert pan oedd hi yno gyda Mary Tolley noson llofruddio Lily, ei bod *wedi* ei weld ar Stryd y Bont yr un noson am chwarter wedi wyth—yn gwisgo *boiler suit* wen! Os gwir hynny yna buasai wedi bod yn amhosib i Mattan fod wedi cyflawni'r drosedd. Nid oedd wedi sôn am hyn yn y Llys, meddai hi, am nad oedd neb wedi gofyn iddi!

Âi'r erthygl yn ei blaen i ddweud mai methiant fu'r ymgais i ddod o hyd i Mary Tolley, gan y credid ei bod mewn *institution*. Ac am Mary Gray, a'r honiad hwnnw mai dim ond ar ôl iddi glywed am y wobr o £200 y gwnaeth hi ei datganiad, yr oedd hi wedi marw. Ond yr oedd hi, mewn gwirionedd, yn fyw ei gwala. Yn wir, anfonodd lythyr at yr Ysgrifennydd Cartref yn cwyno am i'r *People* ei throi heibio cyn ei phryd! Ac yn sicr ni newidiodd air ar ei datganiad gwreiddiol.

Ond yr oedd y newyddiadurwr wedi dod o hyd i gryn dipyn o hanes Harold Cover. Roedd ei gymar, Susan Smith, yn dweud ei fod yn ddyn ffyrnig iawn ar adegau, er ei fod yn dad da i'w blant. Rhywbeth y mae braidd yn anodd i'w dderbyn gan iddo gael ei garcharu am hanner lladd un o'i ferched, Elaina, â chyllell, a'i gael yn euog o achosi niwed corfforol difrifol i'w ferch arall, Carol, drwy'i tharo ar ei phen â phiben haearn.

Ym 1949 neu 1950, meddai Susan Smith wrth y *People*, yr oedd wedi bod o flaen ei well am ymosod ar Somaliad â darn o wydr. Ac ychydig wedi llofruddiaeth Lily Volpert yr oedd wedi bod yn ymladd â sowldiwr ac wedi torri gwddf hwnnw â darn o botel. O'r tu blaen! Ond i fod yn deg â Cover, adweithio a wnaeth y tro hwnnw i ymosodiad arno ef ei hun. Torrodd y botel wrth iddo gael ei daro, cydiodd yntau mewn darn oedd wedi torri a'i ddefnyddio i daro'n ôl. Serch hynny, yr oedd yn weddol amlwg pwy, ym marn David Wickam, oedd yn wir gyfrifol am ladd Lily Volpert.

Ni fu arweinydd y gymuned Somalïaidd yng Nghaerdydd, Mr Mahmood Kalineh, fawr o dro cyn lleisio'i bryder ynglŷn â chywirdeb dedfryd Mattan a chysylltodd ar unwaith â'i Aelod Seneddol, Mr Edward Rowlands. Ysgrifennodd hwnnw at Mr James Callaghan, yr Ysgrifennydd Cartref, yn galw am ymchwiliad i honiadau'r *People*. O ganlyniad cynhaliwyd ymchwiliad gan Heddlu Caerdydd; yr oedd Dai Morris, y sarjant hwnnw a fu'n cyf-weld Mattan yn union wedi'r llofruddiaeth, erbyn hynny'n bennaeth ar y ditectifs.

Daethpwyd o hyd i dyst newydd, Elizabeth Walton o 40 Stryd Stuart. Cofiai'n dda, meddai hi, y noson honno bron i ddeunaw mlynedd yn ôl. Roedd ar y pryd yn byw gyda'i gŵr yn 50 Sgwâr Loudon ac arferent fynychu clwb y George Cross ddwywaith yr wythnos i chwarae chwist. Roedd y clwb hwnnw yn Stryd Bute, rhwng siop Volpert a gorsaf yr Heddlu. Dechreuai'r yrfa chwist am chwarter wedi wyth a byddai hithau'n mynd heibio i siop Volpert tuag wyth o'r gloch. Yn nrws y siop gwelodd ddyn a adnabu fel Harold Cover; roedd yn gyfarwydd ag ef fel gŵr oedd yn cyfeillachu â Susan Smith a drigai mewn fflat uwch ei phen. Ef oedd yr unig berson iddi ei weld o gwmpas siop Volpert y noson honno. Ni feddyliodd ddim am y peth ar y pryd ond pan glywodd fod Cover wedi'i gyhuddo o dorri gwddf ei ferch daeth yr amgylchiad yn ôl yn fyw i'w chof. Ond yn rhyfedd iawn, nid oedd wedi sôn wrth ei gŵr am y peth ar y pryd, er bod hwnnw gyda hi. Yr oeddent wedi ysgaru ers 1968.

Daethpwyd o hyd i'w chyn-ŵr, Joseph Walton, a chafwyd datganiad ganddo yntau. Roedd yntau'n adnabod Harold Cover, ond nid oedd wedi'i weld o gwbl y noson honno, onide buasai wedi dweud wrth yr heddlu. Cofiai'r noson yn iawn. Roedd ef a'i wraig wedi mynd i yrfa chwist yn y George Cross, cofiai basio siop Volpert rywbryd rhwng hanner awr wedi chwech a chwarter i saith gan fod y gyrfaon chwist yn dechrau, yn ei dyb ef, am saith o'r gloch ac nid am chwarter wedi wyth fel y dywedodd ei wraig.

Cofiai am nifer o deuluoedd oedd yn byw yn y fflat uwch ei ben ef a'i wraig yn Sgwâr Loudon—enwodd bedwar teulu—ond ni fedrai gofio am neb o'r enw Smith.

Felly roedd y ddau ddatganiad yn gwahaniaethu

mewn sawl man, a rhoddwyd y Ditectif Uwch Arolygydd Valentine Shortridge o Heddlu Gwent ar waith i ymchwilio i'r gwahanol honiadau, gan ganolbwyntio, wrth gwrs, ar Harold Cover.

Yr oedd ef, heb amheuaeth, yng nghyffiniau siop Volpert ar yr adeg dyngedfennol, ac os mai ef oedd y llofrudd roedd ganddo reswm digonol dros geisio bwrw'r bai ar rywun arall.

Nid oedd ei record yn y blynyddoedd wedi llofruddiaeth Lily fawr o help iddo chwaith, yn enwedig ei ymosodiadau ar ei ferched ei hun. Roedd anafiadau Elaina bron yn union yr un fath â'r rhai a achosodd farwolaeth Lily—y gwddf wedi'i dorri o'r tu blaen.

Ar y llaw arall roedd lladrad yn amlwg yn gymhelliad yn achos Lily; nid oedd hynny'n wir yn achosion merched Cover—a throseddau teuluol oedd y rheiny. A pheth arall, bob tro yr oedd Cover wedi bod o flaen ei well cyfaddefai ei drosedd. Nid felly Mattan.

Wedi ystyried yr holl amgylchiadau anfonodd Shortridge ei adroddiad i'r Ysgrifennydd Cartref, a daeth hwnnw i'r casgliad nad oedd ganddo unrhyw sail dros ailagor yr achos yn erbyn Mattan.

Yna ar y 9fed o Dachwedd 1969 ymddangosodd erthygl arall ar dudalen flaen y *People* yn dilorni'r heddlu am fethu â dod o hyd i'r tyst holl-bwysig (ym marn y papur), Margaret Bush. Honnai i'w newyddiadurwr David Wickam ddod o hyd iddi mewn awr tra oedd y polîs wedi methu mewn pum mis!

Ond i fod yn deg â'r heddlu, roedd Bush wedi dianc oddi wrth ei gŵr o achos creulondeb hwnnw ati, ac wedi bod yn byw yn y dirgel mewn rhan arall o'r ddinas am fisoedd lawer gan gadw o olwg pawb rhag iddo ddod o hyd iddi. Erbyn i Wickham ddod i chwilio amdani roedd wedi ail-ddod i olwg y byd.

A ph'un bynnag, cyfaddefodd wrth Shortridge fod y

rhan fwyaf o'r hyn a ddywedasai wrth y *People* yn gelwydd; iddi arwyddo *affidavit* oedd wedi cael ei ddoctora a hynny yn unig er mwyn cael gwared o Wickam a'i boeni parhaus.

Felly roedd yr hyn a honnodd Wickam iddi ei ddweud wrtho ef yn wahanol i'r hyn a dystiodd ar lw yn y Llys, yn wahanol i'r hyn a ddywedodd yn ei datganiad cyntaf i'r heddlu ac yn wahanol i'r hyn a ddywedodd wrth Shortridge. Pedair fersiwn wahanol. Ac am Mary Tolley, os gwir honiad y *People* ei bod mewn *institution* yna byddai'n rhaid derbyn ei thystiolaeth wreiddiol. Ac wedi'r cyfan, hi oedd yr un a dystiodd iddi weld Mattan yn y siop.

O ganlyniad i hyn i gyd nid aethpwyd â'r achos ymhellach.

XVIII

Fel yr âi'r blynyddoedd yn eu blaen dal i ymgyrchu a wnâi Laura Mattan a'r teulu. Cyflogwyd ditectif preifat, Glyn Roberts, a honnid i hwnnw ddod o hyd i dystiolaeth newydd nad oedd ar gael i amddiffyniad gwreiddiol Mattan. Roedd wedi dod o hyd i dyst a fedrai gadarnhau *alibi* Mattan. Sef ei fod wedi bod yn y sinema tan hanner awr wedi saith.

Mae'n rhaid mai naill ai Alfred Reginald Jones, y casglwr tocynnau, neu Noel Rodriques oedd y 'tyst' hwnnw, gan nad oes sôn am unrhyw un arall yn gysylltiedig ag ymweliad Mattan â'r sinema. A'r unig beth cadarn y medrai Jones ei ddweud oedd na welodd Mattan yn gadael rhwng chwarter i saith ac wyth o'r gloch. Golygai hyn, wrth gwrs, y gallai fod wedi ymadael cyn chwarter i saith.

Ac am Rodriques, yn ei ddatganiad i'r heddlu, ni fedrai fod yn ddim mwy pendant nag y credai i Mattan ymadael 'tua hanner awr wedi saith'. Prin y gellir dweud, felly, i unrhyw un o'r ddau 'gadarnhau' *alibi* Mattan. Yn wir, pe bai Mattan wedi ymadael am hanner awr wedi saith, yr unig beth y byddai hynny'n ei brofi fyddai fod ganddo'r amser i gyrraedd Siop Volpert cyn wyth, achos gwaith pum munud ar hugain o gerdded fyddai hynny, a dilyn ei lwybrau ef, fel yn wir, y gwnaeth y Ditectif John Parkman—mesur ac amseru'r daith i'r droedfedd ac i'r funud. Nid yw'n beth i synnu ato, felly, na roddodd yr erlyniad amlygrwydd i ddatganiadau'r ddau hyn yn y prawf gwreiddiol, gan na fyddent yn profi dim y naill ffordd na'r llall.

Ond erbyn hynny roedd cyfreithiwr y teulu, Bernard de Maid, wedi cael ei ddannedd i'r achos ac yn paratoi adroddiad maith i'r Ysgrifennydd Cartref. Ond daethai wyneb yn wyneb â phob math o anawsterau swyddogol. I ddechrau dywedwyd wrtho bod y papurau a berthynai i'r achos wedi'u dinistrio drwy gamgymeriad. Ond wedi i Rhodri Morgan, A.S. Gorllewin Caerdydd, ymyrryd, daethant i glawr rywsut.

Yna, mewn erthygl yn y *Western Mail* ar 27ain o Fawrth 1997, honnai Lisa Pritchard i Wasanaeth Erlyn y Goron ddweud na ellid rhyddhau'r dogfennau tan y flwyddyn 2007. Ond, mewn gwirionedd, yr oedd de Maid eisoes wedi cael eu gweld ym 1995.

Roedd ei adroddiad yn gynhwysfawr—70 tudalen ohono. Ac ynddo cyfeiriai at y ffaith mai 'gŵr o dde Cymru' yn ei farn ef oedd yn gyfrifol am y llofruddiaeth. 'Mae hwn yn hen ŵr erbyn hyn,' meddai, 'yn byw o hyd yn ardal Caerdydd, ond na ellir ei enwi am resymau cyfreithiol. Gwelwyd ef yn Stryd Bute am wyth o'r gloch noson y llofruddiaeth a chafodd ei brofi'n euog o ymosodiad yn yr un dull yn union ar fenyw flynyddoedd yn ddiweddarach.'

Nid oedd angen llawer o grebwyll i ddeall at bwy y cyfeiriai, achos roedd Harold Cover erbyn hynny wedi hen gael ei ryddhau o garchar am 'oes'. Ond ei brif bwynt oedd y tyst newydd. Y tyst hwnnw nad oedd ei dystiolaeth ar gael, am ryw reswm neu'i gilydd, i amddiffyniad Mattan yn y prawf gwreiddiol.

Roedd y teulu eisoes wedi cael caniatâd Rheolwr Carchar Caerdydd, Niall Clifford, i ymweld â bedd Mattan y tu mewn i furiau'r carchar i osod blodau arno ym mis Awst 1994. Ac ym mis Medi 1996 cawsant ganiatâd y Swyddfa Gartref i ddatgladdu'r corff.

Ac ar y 19eg o'r mis gwnaed hynny ar gyfer angladd ym Mynwent Gorllewin Caerdydd drannoeth. Ond ni fu'r angladd hwnnw chwaith heb drafferthion. Roedd Laura Mattan, erbyn hyn yn 67 mlwydd oed ac yn ddigon bregus ei hiechyd, yno ynghyd â'i thri mab wrth Mahmood. Cawsai wyth o blant eraill ers hynny er nad oedd yn briod nac wedi cartrefu gydag un dyn. Ond yr oedd Mahmood a hi, meddai wrth newyddiadurwr, wedi bwriadu cael un ar ddeg o blant.

I gychwyn, bu cryn anghydfod rhwng y teulu a Chyngor Dinas Caerdydd pan fynnodd y Cyngor gludo'r gweddillion o'r carchar i'r fynwent mewn fen Transit yn hytrach nag mewn hers. Ac wrth gwrs, roedd y cyfryngau newyddion yno, gynifer ohonynt yn wir fel y bu'n rhaid i Joanna Powell, a ddisgrifiwyd yn y *Western Mail* drannoeth fel '*trainee bereavement manager*', fygwth y câi'r gwasanaeth ei ohirio oni byddai'r gwŷr camera a'r newyddiadurwyr yn mynd allan o'r fynwent. Ond yn y diwedd, wedi gwasanaeth syml, ailgladdwyd gweddillion Mahmood Mattan mewn daear gysegredig.

XIX

Sefydlwyd y *Criminal Cases Review Commission* ym 1997, a'i swyddogaeth, lle gwelai fod hynny'n berthnasol, oedd cyflwyno achosion a ofynnai am hynny yn ôl i'r Llys Apêl. Achos Mattan oedd y cyntaf i'r Comisiwn ei gyflwyno i'r Llys hwnnw. Ac ar 25ain o Chwefror 1998 clywyd yr apêl yn Llundain gan yr Arglwydd Ustus Rose. Cynrychiolwyd teulu Mattan gan Michael Mansfield C.F. gyda John Williams C.F. dros y Goron.

Nawr fe gofir mai un o'r prif resymau dros i'r holl achos gael ei ailwyntyllu oedd y tyst 'newydd' hwnnw y soniwyd amdano yn adroddiad Bernard de Maid i'r Ysgrifennydd Cartref, a'r ffaith nad oedd y dystiolaeth honno wedi bod ar gael i'r amddiffyniad yn y prawf gwreiddiol. Ond yn rhyfedd nid oes sôn i'r tyst hwnnw gael ei groesholi na hyd yn oed ei enwi.

Yn hytrach, aeth yr apêl ar drywydd sgwarnog arall, Tahir Gass, Somaliad arall oedd yng nghyffiniau'r siop adeg y llofruddiaeth ac yn wir yn byw o fewn deugain llath i fan y drosedd. Clywodd y Llys dystiolaeth newydd mai ef oedd yn fwyaf tebyg o fod wedi lladd Lily Volpert. Yr oedd ganddo ddant aur yn ei geg, ac yn un o'i ddatganiadau i'r heddlu yr oedd Harold Cover wedi cyfeirio at hynny wrth ddisgrifio'r Somaliad a welsai y tu allan i Siop Volpert. Mewn datganiad arall nid oedd wedi sôn am ddant aur. Ac wrth gwrs nid oedd dant aur gan Mattan. Ond yr oedd y disgrifiad yn taro Tahir Gass i'r dim.

O bosib y gellid beirniadu rywfaint ar yr heddlu am nad ymchwiliwyd yn ddigon manwl i ddatganiad Gass. Addefodd iddo fod yn Siop Volpert lawer gwaith, gan gynnwys prynhawn y llofruddiaeth, ac iddo fynd heibio o fewn rhyw chwarter awr i amser y drosedd ar ei ffordd i gyfarfod â'r ferch honno yn yr Arab House. Yn wir, aethai heibio i'r siop ddwywaith wedyn o fewn yr hanner awr nesaf. Ond mae'n rhaid cofio ei fod wedi ymuno â chriw'r *Blairdevon* ar fore'r Llun a'i bod felly'n amhosib ei gyf-weld ymhellach. Heblaw bod gan yr heddlu ddigon o dystiolaeth yn ei erbyn i'w restio.

Yr oedd hwnnw wedi'i gyhuddo o lofruddio gwas fferm ym mis Mehefin 1954, rhyw ddwy flynedd wedi llofruddiaeth Lily Volpert. Y gŵr a lofruddiwyd oedd Granville Jenkins, 45 mlwydd oed o Lantarnam yn Sir Fynwy. Gŵr priod a chanddo un mab. Roedd ei gefnder, Edward Nicholas, yn ffermio Fferm Penyparc, Cwmbrân, ac arferai Jenkins dreulio'i benwythnosau yn helpu ar y fferm.

Fore Sadwrn y 12fed o Fehefin roedd y ddau yn trio cael caseg i siafftau wagen ar y clôs ond roedd honno mor anystywallt nes iddynt fethu. Felly arweiniodd Jenkins y gaseg o'r clôs ac i lawr Lôn Pencarn, Y Duffryn, wrth ei hunan. Ond ymhen tipyn aeth Nicholas ar ei ôl, a chyn pen fawr o dro cwrddodd â'r gaseg yn dychwelyd. Wrthi'i hunan. Cydiodd yn y ffrwyn a'i harwain yn ôl eto i lawr y lôn.

Tua hanner y ffordd gwelodd fod y brwyn a'r borfa ar ymyl y ffordd wedi eu sathru a'u gwastatu uwchben cwter ddofn. Ac yn y dŵr yn y fan honno roedd Granville yn gorwedd. Tynnodd ef yn rhannol o'r dŵr ond yr oedd wedi marw.

Y peth cyntaf a groesodd ei feddwl oedd bod rhyw ddamwain wedi digwydd gyda'r gaseg, ond daeth yn amlwg ar unwaith bod Granville wedi dioddef ymosodiad ffyrnig. Roedd nifer o anafiadau i'w wyneb a'i wddf, toriadau tebyg i glwyfau cyllell. Yn ddiweddarach, barnai'r patholegydd mai achos y farwolaeth oedd *haemorrhage and shock from multiple wounds.* Ac yn y dŵr gerllaw daethpwyd o hyd i gyllell ac arni olion gwaed.

Roedd Tahir Gass yn forwr Somalïaidd 45 mlwydd oed, heb gyfeiriad sefydlog. Gŵr tenau, cymharol dal, a chanddo fwstás. Ar un adeg bu'n byw yn Stryd Ruperra yng Nghaerdydd lle'r adwaenid ef fel 'The Crazy Somali', achos roedd yn hoff iawn o fyw'n ryff mewn gelltydd ar ei ben ei hun—lleoedd a oedd, yn ei eiriau ef ei hun, 'fel Affrica', ffaith efallai a allai ddwyn i gof eiriau'r patholegydd wrth weld corff Lily Volpert mai 'rhywun o'r allt' a gyflawnodd y drosedd honno ddwy flynedd ynghynt. Bu'n byw am ysbaid yng Ngallt Foxover, rhwng Caerdydd a Chasnewydd, mewn caban o goed a changhennau. Hoffai gerdded yn droednoeth gyda choesau'i drowsus wedi'u torchi at y ben-glin.

Heb un amheuaeth, roedd yn wallgof ar adegau—credai mai'r adar oedd ei radio a rhyw ddaliadau gorffwyll felly. Treuliodd beth amser yn Ysbyty'r Meddwl yn Eglwys Newydd o'i wirfodd, ond gadawodd y lle'n fuan iawn. Honnai ei fod wedi ymuno â byddin yr Eidal pan oresgynnodd yr Eidalwyr Abyssinia, a'i fod wedyn wedi bod yn Heddlu'r Eidal, gan ddod yn sarjant ac yn berchen ceffyl. (Ys gwn i a oedd y ffaith bod Granville Jenkins yn arwain y gaseg wedi tanio rhyw syniad gorffwyll yn ei feddwl—ei fod yn dychmygu mai ef oedd biau'r gaseg neu rywbeth o'r fath?) Credai mai'i dad oedd brenin Somalia a bod pawb yn dwyn ei eiddo, gan gynnwys yr heddlu, yn enwedig pan âi i dŷ tafarn.

Yn fuan wedi'r llofruddiaeth daeth yr heddlu o hyd i siaced o eiddo Gass yn y fan a'r lle, ac mewn poced iddi roedd cerdyn Yswiriant Cenedlaethol a'i enw arni. Cafwyd cot law hefyd heb fod nepell y daethpwyd i wybod mai ef oedd ei pherchen. Tua hanner milltir i ffwrdd cafwyd bag dillad yn ymyl gweddillion tân, fel pe bai rhywun wedi bod yn gwersylla yno, ynghyd ag esgid frown. Yr oedd yn amlwg mai hwn oedd cartref diweddaraf Gass.

Pan gornelwyd ef ger pont rheilffordd tua milltir i ffwrdd roedd yn droednoeth. Tynnodd gyllell gan fygwth un o'r heddweision â hi ond pan gadwodd hwnnw i nesáu ato fe'i taflodd i ffwrdd. Yr unig beth a ddywedodd wrth ei restio oedd, '*I not kill nobody.*'

Fe'i harchwiliwyd gan ddau seiciatrydd, Dr Mervyn Williams o Garchar Bryste a'r Dr Joseph Barry o Garchar Caerdydd, a chawsant ei fod weithiau yn hollol normal a phryd arall yn hollol wallgof. Ac er iddo wadu iddo lofruddio Granville Jenkins roedd un o'r ddau feddyg o'r farn ei fod yn ymwybodol o'i weithred. Achwynai ei fod wedi dioddef siociau trydan a beiai'r heddlu am hynny hefyd. Rhoddwyd ef mewn cell arbennig ond drylliodd honno'n yfflon mewn dim o dro.

Mr Ustus Streatfield oedd y Barnwr ym Mrawdlys Sir Fynwy ddiwrnod ei brawf, a phenderfynodd ei far-gyfreithiwr na ddylai Gass roi tystiolaeth. Disgrifiodd y llofruddiaeth fel '*motiveless and pointless murder*'. Plediodd Gass yn ddieuog, ond cafwyd ef yn 'euog ond yn wallgof' a dedfrydwyd ef i Broadmoor am amser amhenodol. Yn ddiweddarach cafodd ei alltudio.

XX

Roedd y papurau newyddion wrth reswm yn dilyn yr holl achos yn fanwl ac yr oedd rhai newyddiadurwyr yn gwneud eu gorau i gyffelybu llofruddiaeth Granville Jenkins i lofruddiaeth Lily Volpert. Unwaith yn rhagor yr oedd rhywun a allai fod wedi cyflawni'r llofrudd-iaeth honno wedi cael ei restio am lofruddiaeth arall. Yn wir honnent fod dull y ddwy drosedd yn union yr un fath. Hollol anghywir. Yn achos Lily Volpert torrwyd y gwddf ar draws o'r tu blaen, yn achos Jenkins nifer o frathiadau (deuddeg ar hugain i fod yn fanwl) i'r wyneb ac ochr chwith y pen oedd achos y farwolaeth. Nid oedd yno ôl defnyddio min y gyllell o gwbl.

A dyma'r gŵr yr oedd y Llys Apêl o'r farn ei fod debycaf o fod wedi llofruddio Lily Volpert! Mae'n wir ei fod yn ddigon agos i fan y drosedd i fod wedi'i chyflawni, ei fod yn Somaliad ac yn ddigon tebyg i ddisgrifiadau rhai o'r tystion (gan gynnwys y dant aur) o'r gŵr a welwyd yn Stryd Bute y noson honno. Ond roedd hyn i gyd yn wybyddus yn y prawf gwreiddiol, er na chafwyd cyfle i'w groesholi gan ei fod wedi dychwelyd i'r môr.

Os mai'r ffaith i Gass gyflawni llofruddiaeth ddwy flynedd wedi llofruddiaeth Lily Volpert oedd y dystiolaeth newydd na fedrai'r amddiffyniad wybod dim amdani ym mhrawf Mattan, sut na fyddai'r un peth yn wir am Harold Cover?

A beth ddaeth o'r tyst hwnnw yr oedd Bernard de Maid yn honni y medrai brofi *alibi* Mattan? Hyd y medrid gwybod, ni bu sôn amdano wedyn. Ac os oedd y Llys Apêl yn iawn yn ei ddamcaniaeth ynglŷn â Gass, ble'r oedd hynny'n gadael damcaniaeth de Maid mai Cover oedd y llofrudd?

Eithr mae'n siŵr i'r holl bethau hyn gael eu dwyn i ystyriaeth y Llys Apêl. Derbyniai'r Goron fod tystiolaeth adnabod Cover o Mattan yn ganolog i holl achos yr erlyniad. Ond gan fod Cover wedi gwneud dau ddatganiad gwahanol i'r heddlu, barnodd yr Arglwydd Brif Ustus na ddylid bod wedi dibynnu ar y dystiolaeth honno. A chan gymryd y dystiolaeth newydd i ystyriaeth roedd yn rhaid dod i'r casgliad nad oedd y ddedfryd yn ddiogel. Felly wedi i ddau Ysgrifennydd Cartref—Syr David Maxwell Fyfe a'r Arglwydd Callaghan—wrthod cyfeirio'r achos i'r Llys Apêl, diddymwyd dedfryd Mattan. Ac yn ôl canonau cyfraith Prydain, lle bo amheuaeth ynglŷn ag euogrwydd, yna'r cyhuddiedig sydd i gael y fantais o'r amheuaeth honno. Mae yn ddieuog nes profir yn wahanol.

Roedd Laura Mattan erbyn hynny'n wraig eiddil yn dioddef o'r cancr a bu clywed penderfyniad y Llys Apêl—'Diddymir y Ddedfryd'—bron yn ormod iddi. Roedd Harold Cover hefyd yn y Llys ond ni alwyd arno i roi tystiolaeth, er ei fod yn dweud wrth y wasg na fyddai wedi newid gair ar ei ddatganiad gwreiddiol. Ond pa un ohonynt sy'n gwestiwn arall!

Drannoeth roedd y papurau'n llawn o hanes y gŵr a grogwyd ar gam, a'i dri mab yn arllwys eu cwd wrth newyddiadurwyr oedd yn hollol barod i gyhoeddi unrhyw beth a ddywedent—ynghyd ag ychwanegu tipyn bach ato. Ond fel y daeth yn amlwg fwy nag unwaith yn achos Mahmood Mattan, creu stori oedd eu prif ddiddordeb hwy, nid, o angenrheidrwydd, ddod o hyd i'r gwirionedd.

XXI

Felly os nad Mattan a lofruddiodd Lily Volpert, pwy wnaeth? Gwyddom am gyflwr meddwl Tahir Gass. Yn un o'i ddatganiadau honnai Harold Cover iddo weld dau Somaliad y tu allan i Siop Volpert y noson honno—un ohonynt â dant aur. Os gwir hynny, oedd hi'n bosib bod dau yn gyfrifol am ladd Lily, a Gass yn un ohonynt?

Harold Cover? Posibilrwydd o leiaf—a derbyn stori ei ferch. Achos profodd ei hunan fwy nag unwaith i fod yn ddigon tueddol at anfadwaith. Mwy na hynny, yn ôl Elaina ei ferch ei hun—honno a gafodd ei hanner lladd ganddo—a hithau erbyn hynny'n 47 oed, roedd yn cofio ymgom rhwng ei thad a'i mam un tro a chafodd yr argraff sicr bod ei mam yn gwybod yn iawn mai ei thad oedd llofrudd Lily. Eithr ni chyfaddefodd hynny mewn cymaint o eiriau erioed ac aeth â'r gyfrinach gyda hi i'r bedd.

Ond wedyn, os mai Cover oedd y troseddwr, sut oedd cymaint o arian yn waled Mattan yn siop May Gray, ac o ble daeth yr arian iddo fetio â hwy yn rasys Casnewydd? Beth oedd yr esboniad am y gwaed ar ei esgidiau? A sut oedd yn gwybod mai torri gwddf Lily Volpert o'r tu blaen a wnaed, cyn i'r heddlu na neb arall sôn am hynny? A beth am ei fygythiad i dorri pen ei wraig i ffwrdd pe gwelsai hi yng nghwmni dyn arall? A phwy oedd perchen y rasel honno a gafwyd yn y crugyn dillad y bu Mattan o fewn hyd braich iddo?

Yn y pen draw mae'n dod lawr i dystiolaeth ac amheuon. Ac mae'r ffaith fod astudiaeth fel hon yn gadael cymaint o gwestiynau heb eu hateb yn profi bod amheuaeth ynglŷn ag euogrwydd Mattan. Felly roedd y

Llys Apêl yn hollol gywir i ddeddfu nad oedd y ddedfryd yn ddiogel. Nid oedd dewis ond ei diddymu. Ac o hynny yn anochel mae mater iawndal i'r teulu yn codi. Yn ôl y sôn mae symudiadau i'r cyfeiriad hwnnw eisoes ar droed.

Pe byddai adnoddau fforensig ein dyddiau ni ar gael ar y pryd, hwyrach y gellid bod wedi profi i sicrwydd ai gwaed Lily oedd ar sgidiau Mattan ai peidio. A phe byddai Rheolau'r Barnwyr oedd yn bodoli adeg ei brawf wedi cael eu newid yn Gôd Ymddygiad yr oes hon byddai'r datganiad a wnaeth i Harry Power wedi cael ei roi o flaen y Llys, gyda'r canlyniad y byddai'r achos yn erbyn Mattan dipyn yn gryfach. Efallai'n ddigon cryf i fod wedi newid dyfarniad y Llys Apêl. Ar y llaw arall, yn y dyddiau hyn, byddai pob datganiad a gymerwyd wrth yr holl dystion, ynghyd â'r wybodaeth am symudiadau Tahir Gass noson y llofruddiaeth, yn cael eu cyflwyno i'r amddiffyniad. Yna, efallai byddai'r amheuaeth wedi dod i'r golwg yn y Frawdlys a Mattan wedi dod yn rhydd.

A'r newid mwyaf o'r cyfan wrth gwrs—bod y gosb eithaf wedi'i diddymu. Yn rhy hwyr, gwaetha'r modd, i Mattan a llawer un arall. Ac os gellir profi bod anghyfiawnder wedi'i wneud, y peth lleiaf fedr cymdeithas ei wneud yw ceisio lleihau effaith yr anghyfiawnder hwnnw.

Eithr fe ddylai hynny weithio'r ddwy ffordd. Clywsom lawer yn y blynyddoedd olaf hyn am ymgyrchoedd i geisio profi bod y dieuog wedi cael ei gosbi ar gam, ond prin y clywsom am un i geisio profi bod yr euog wedi dod yn rhydd.

Ond wedyn, mae'r hyn a gyfrifir yn gyfiawnder yn newid o oes i oes. Fel yn achos crogi ei hun. Yn amser Mattan fe'i hystyrid yn gyfiawn crogi rhywun a brofid yn euog o lofruddiaeth—erbyn heddiw mae'n anghyfiawn beth bynnag fo'r drosedd.

Mae'r hyn a ystyriwn yn dderbyniol heddiw yn ein bywydau bob dydd yn hollol wahanol i'r hyn y byddai ein teidiau yn ei dderbyn—fel y mae'r defnydd o rai cyffuriau yn ei ddangos. Yn wir, mae symudiad ar droed i gyfreithloni'r defnydd o gyffuriau 'meddal' o dan amodau arbennig. Ac ni byddai'n syndod o gwbl pe byddai moesau blynyddoedd i ddod yn barnu'r hyn sy'n anghyfreithlon heddiw yn hollol dderbyniol.

Pwy a ŵyr, yn y dyfodol, na fydd cyfraith gwlad yn gwarafun ailgodi hen achosion a gwyrdroi dedfrydau a gyfrifid yn gyfiawn yn eu dydd.

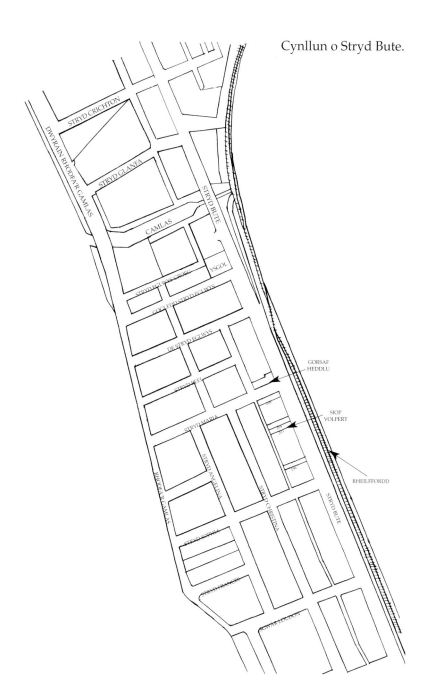

Cynllun o Stryd Bute.

Cywiriad
Dyddiad cywir y datganiad
sy'n dilyn yn yr Atodiad
yw Awst 26ain, 1952, nid
1922 fel sy'n ymddangos
ar dud. 79 a thud. 80.

Atodiad

H. M. Prison, Cardiff
Thursday 26th August 1922

Mahmood Hussein Mattan,
States

If it is good for the Government that the killer is walking around and that I am going to get hanged for nothing—Good Luck to the Government and I am very glad to be hanged for nothing.

I don't want to wait any longer I want to get hanged as soon as possible.

Too many people know about my case in Cardiff that I am going to get hanged for nothing and I believe something is going to turn up before long but I want if you find the killer after I get hanged I don't want him to get hanged at all. I can't tell you who he is because I don't know nothing about it. Only one thing I can say it can't be two lives for one so I get hanged myself. Good Luck to him whoever he are black or white. Only one thing I am glad if I get hanged for nothing under the British flag good luck to him because I used to hear that the British Government is a fair dealer but I never see no fair dealing in my case, because I never see anybody in Swansea Court or the Appeal Court interfere in my favour. Only one thing so far as I am concerned I am black man and nobody like my favour because my life is buy cheap. I am the first man to get hanged for nothing in this Country, and I don't think that anyone believe what I say right now but before long one time you do believe it because too many people know something about this case and maybe somebody talk later on. Suppose I got a whiter skin I don't be hanged today for this case because nobody been hanged for the word "if" in this Country before because the Government accept that word and I am telling his and other people telling truth. I doesn't interfere with anybody else and I don't tell one word lie in my case. I was true all the way.

The pair of shoes was second-hand when I bought them. I am not going to swear it whether there was blood on them or not but what I do swear is that I got nothing to do with the murder.

Suppose I see somebody especial from your office for further statement more than that. I doesn't going to give any further statement to the man who you send me because he know everything in my case more than I do that's all.

The pair of shoes were found on the dump before I bought them and it was not me who find them it was somebody else. I bought them from somebody else.

I hope from God if I got anything to do with that murder I never be safe and if I am true I hope my God to save me. That's all.

M. H. Mattan

This statement was taken at HM Prison, Cardiff, by Detective Chief Inspector Harry Power between 10.30am and 11.25am on Tuesday the 26th August 1922 in the presence of Prison Officers Samuel F. R. Pendleton and J. Geoffrey Basil Smith.

Mattan then said he wanted to say something further:

Continued. Only one thing I lose in my case. My defending solicitors and counsel been told that I got nothing to say to the Court but if I put my evidence in front of the jury I would not be here today, but it is no good for me to tell you what my evidence is that I did not put before the Court because it is too late, but the evidence you accept of the man Harold Cover I can tell you something from his evidence because he was told from the Court he saw me that night by the shop of the murdered woman and also he say there were many people standing in the street but you can ask anyone from Cardiff what the weather was like that night and nobody would be standing in the street. If there were many people standing in the street do you believe that anyone would attack that woman. This was not my own evidence but what I heard Cover say in the Swansea Court and it is up to you to accept it or not. That's all.

M. H. Mattan

Further statement taken between ~~12.25~~ 11.25am and 11.40am. Witnessed by Prison Officers Pendleton and Smith.